高等职业教育创新型专创融合精品教材

创新创业综合实训

（活页式教材）

主　编　付　蕾　刘　源
副主编　李　爽　武　韬
参　编　韩　慧　张　杨

北京理工大学出版社
BEIJING INSTITUTE OF TECHNOLOGY PRESS

内容简介

本书的编写旨在增强职业教育适应性，提高财经商贸类人才培养质量，促进创新创业教育与专业教育有机融合，探索"专创融合"育人新模式。本书采取虚拟和现实结合的方式，主要包括创业企业模拟运营实操、创业项目实践和项目运营实践三部分内容。

本书可以作为高等职业院校财经商贸类学生进行创新创业实践的教材，也可以作为其他各类专业学生进行创新创业实践的参考书。

版权专有　侵权必究

图书在版编目（CIP）数据

创新创业综合实训／付蕾，刘源主编．－－北京：北京理工大学出版社，2023.7
ISBN 978-7-5763-1873-9

Ⅰ.①创⋯　Ⅱ.①付⋯　②刘⋯　Ⅲ.①大学生-创业-教材　Ⅳ.①G647.38

中国版本图书馆 CIP 数据核字（2022）第 227189 号

出版发行 ／ 北京理工大学出版社有限责任公司
社　　址 ／ 北京市海淀区中关村南大街 5 号
邮　　编 ／ 100081
电　　话 ／ （010）68914775（总编室）
　　　　　　（010）82562903（教材售后服务热线）
　　　　　　（010）68944723（其他图书服务热线）
网　　址 ／ http：∥www.bitpress.com.cn
经　　销 ／ 全国各地新华书店
印　　刷 ／ 河北鑫彩博图印刷有限公司
开　　本 ／ 787 毫米×1092 毫米　1／16
印　　张 ／ 9.5　　　　　　　　　　　　　　　　　　责任编辑 ／ 徐春英
字　　数 ／ 172 千字　　　　　　　　　　　　　　　　文案编辑 ／ 徐春英
版　　次 ／ 2023 年 7 月第 1 版　2023 年 7 月第 1 次印刷　责任校对 ／ 周瑞红
定　　价 ／ 36.00 元　　　　　　　　　　　　　　　　责任印制 ／ 施胜娟

图书出现印装质量问题，请拨打售后服务热线，本社负责调换

前　言

党的二十大报告指出，必须坚持科技是第一生产力、人才是第一资源、创新是第一动力，深入实施科教兴国战略、人才强国战略、创新驱动发展战略，支持在校大学生提升创新创业能力，促进大学生全面发展，实现大学生更加充分、更高质量的就业。新时代青年是国家科技创新发展的受益人和见证人，站在新的历史交汇点上，青年人要做国家高水平科技自立自强的推动者和建设者，因此，需将创新创业教育贯穿人才培养全过程，深化高校创新创业教育改革，健全课堂教学、自主学习，增强大学生的创新精神、创业意识和创新创业能力。

本书的编写旨在增强职业教育适应性，提高财经商贸类人才培养质量，促进创新创业教育与专业教育有机融合，探索"专创融合"育人新模式。本书采取虚拟和现实结合的方式，设置创业企业模拟运营实操、创业项目实践、项目运营实践三部分。结合全国高职院校技能大赛、各级各类创新创业大赛、各专业"1+X"职业技能等级证书的知识与技能点同时融入课程思政内容，培养学生的双创思维素养，形成了"知识—能力—思维"的三维度双创核心素养培养路径，为学院创新创业人才的培养提供支持。

概括起来说，本书有以下三个特点：

第一，创新性。围绕着数字化转型带给企业职能的转变及"数字+技术"双驱动对人才提出的新要求进行项目式教材设计，在整个教学过程中系统地体现创新的教育思想。

第二，系统性。以全国高职院校技能大赛创新创业赛项、全国互联网+创新创业大赛、黄炎培创新创业大赛等技能竞赛要求设置知识与技能点，融入"1+X"数字营销、社交电商、直播电商、金融智能投顾、财务共享服务等职业技能等级证书知识与技能点，全面提供学生创新创业所需的财经商贸和"双创"专业知识与能力、创新思维与创新创业能力、职业道德和素养，促进高职院校财经商贸类专业高质量发展。

第三，实战性。本书选用了真实的创业项目作为案例，让读者了解实际创业过程，在每个项目后又通过实训设计的形式强化学生广告职业能力的培养。

本书可以作为高等职业院校财经商贸类学生进行创新创业实践教学的教材，也可以作为其他各类专业学生进行创新创业实践的参考书。

本书由天津现代职业技术学院付蕾和天津职业大学刘源担任主编，天津现代职业技术学院李爽和天津开放大学武韬担任副主编，天津国土资源和房屋职业学院韩慧和天津滨海职业技术学院张杨担任参编。具体编写分工：付蕾、刘源编写项目一、项目二，李爽、武韬编写项目三，韩慧、张杨负责全书的策划与任务训练的编写。贸贸（天津）科技有限公司李松彦女士、南京柯姆威科技有限公司罗传法先生结合自身创业经历给本书的编写提出了很多建设性的意见。在此，谨向所有参与支持及帮助本书编写和出版的同志表示衷心的感谢。

由于编者水平有限，书中难免存在疏漏和错误之处，恳请广大同人和读者多提宝贵意见，以便进一步修改和完善。

编　者

目 录

项目一　创业企业模拟运营实操 ……………………………………………（1）

 任务一　平台介绍 ………………………………………………………（2）

 任务二　组织管理 ………………………………………………………（14）

 任务三　营销管理 ………………………………………………………（24）

 任务四　财务管理 ………………………………………………………（42）

 任务五　生产管理 ………………………………………………………（58）

项目二　创业项目实践 ……………………………………………………（65）

 任务一　创业项目计划书 ………………………………………………（66）

 任务二　创业项目 PPT 制作 ……………………………………………（89）

 任务三　创业项目路演 …………………………………………………（95）

项目三　项目运营实践 ……………………………………………………（109）

 任务一　营运方案制定 …………………………………………………（110）

 任务二　运营实践 ………………………………………………………（124）

参考文献 …………………………………………………………………（146）

项目一

创业企业模拟运营实操

项目导读

党的二十大报告指出,"完善中国特色现代企业制度,弘扬企业家精神,加快建设世界一流企业"。而建设世界一流企业,必须有懂专业、能创新、知创业、会技术、了解企业管理和经营的综合型人才作为技术支撑。以目前社会普遍认可的互联网营销师为代表的关键核心岗位是人才转型创新发展的重要体现。在没有企业实践经验、不了解企业运营模式的情况下进行创新创业对于学生来说有一定的风险,也有一定的难度。为更好地满足学生创新创业在实践领域的需求,我们采用模拟实训系统进行创业训练,锻炼学生的创新、创业意识和能力,激发学生的创新创业精神。

学习目标

1. 素质目标

能够做到爱岗敬业,具有良好的人文素养、职业道德和创新意识;具有精益求精的工匠精神、较强的创新创业能力和可持续发展的能力;能够体会在创业过程中践行中华优秀传统商业文化,讲仁爱、重民本、守诚信、崇正义的重要意义。掌握本专业知识和技术技能,培养从事开办线上线下新企业、经营管理成长型企业等工作的复合型、创新型高素质技术技能人才。

2. 知识目标

能够运用信息技术基础知识;掌握经济管理、数字营销、商务礼仪、创新思维和创造力开发、创业企划等专业基础理论知识;熟悉创业的基本流程和基本方法;了解创业的法律、法规及相关政策。

3. 能力目标

能够具备适应产业数字化发展需求的基本数字技能；具有专业信息技术能力；掌握中小微企业经营管理领域数字化技能；激发创业意识；提高社会责任感、创新精神和创业能力，促进创业就业和全面发展。

任务一　平台介绍

任务描述

新年伊始，你在英国一家企业上班，每周工作 40 小时，工资一般，生活还算过得去。你乐于替别人组装计算机，业务技能已十分娴熟。饱含创业热情的你渴望投入计算机买卖行业，开创属于自己的事业。你将在 SimVenture 模拟软件上建立和运行自己的公司，制造和销售计算机，模拟的时长可达 3 个模拟年度，你将对业务各方面作出决策，以持续经营甚至有望成为一名成功的企业家。

知识要点

一、熟悉 SimVenture 和企业概念

SimVenture 是一款互动式的模拟软件，让用户可以经营一家公司，处理所有企业家必须面对的问题。SimVenture 还为用户提供了丰富的业务资讯及创业信息。

SimVenture 是一款支持可持续学习及互动灵活教学的软件。师生皆可在任何适合的时段使用软件进行可持续学习，不受时间限制。SimVenture 与课本不同，并不以模块化的方式呈现主题。相反，用户得以沉浸在软件的商业世界中运筹帷幄，掌控全局，并必须作出一些决策——这也意味着他们要为后果承担责任。

SimVenture 的设计是以反映商业现实和结合计算机程序元素为基础。经过验证的模拟体系，对真实创业环境的逼真诠释，使学习过程不但有趣，而且实用性很强，能有效激发学生的学习热情与课堂参与。身历其境的学习过程，发人深省的决策结果，让这款软件焕发着无穷的吸引力，无论是在正式的课堂环境或学生的课余时间。

软件开发者也将策略信息和模拟程序融为一体，让用户在使用 SimVenture 的同时，有机会深入了解从商必须应对的各层面的营商难题。重要的是，文本信息提供如何在模拟体系中提高公司整体业绩表现的线索。

二、了解 SimVenture 功能及熟练使用软件各项指令

了解 SimVenture 功能及熟练使用软件各项指令（图 1-1）。

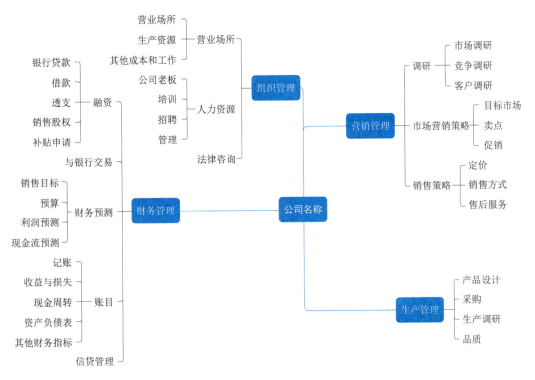

图 1-1

三、理解企业创建流程和相关工作

在企业创立初期，你的目标是让业务起步，同时为接下来的挑战做好准备，这能让你准备就绪开始业务。重要的是要合理安排时间，把时间花在必要的任务上。

在作出任何计划前，你需要先进行市场调研，了解你的潜在顾客和竞争者。然后你需要选择市场营销策略，决定要瞄准哪个市场部分，产品的主要卖点，以及如何将产品推向市场。

同时，你需要决定什么样的设计能让顾客满意，并且能赚钱，同时你也须为产品定价。

然后你需要计算所需的资金。人力、营业场所、资源和零部件都需要花钱，你需要了解它们的成本，然后计算出要筹集的资金。

接下来你可以进行预报，了解你的计划在财务上是否可行。如果不可行，则需要重新进行规划和预报，直到计划可行为止。

最后是考虑培训的好时机，让自己的业务技能提高一个档次，以推动业务发展，不要让

自己拖后腿。

在此期间，你可兼职营运公司，把成本保持在低水平，靠你的另一份工作来赚取收入。这能让你的计划经受考验，并获得所需的信息来完成计划书。到那时你才能放弃自己的工作，全职投入业务的经营。

四、选择与自己的特长、秉性、岗位工作目标有所差异的伙伴，形成互补

选择创业合作是一个取长补短的过程，如果你们之间有互补的一面，充分发挥自己的优势，就能实现较佳的资源配置。另外，如果能在合作的过程中学到对方的优点，对于自己的发展也有不可估量的益处。

任务实施

一、SimVenture 模拟实训平台概述

SimVenture 是由 Venture Simulation Ltd. 公司开发的一款基于真实大数据运算并综合求优得出结果的创业模拟实训软件。目前，SimVenture 软件的用户遍布全球 40 多个国家，包括本科院校、职业院校、学校和企业。2016 年，由北京新同文国际教育科技有限公司与 Venture Simulation Ltd. 公司联合开发软件中文版，新同文国际教育科技有限公司拥有软件中文版版权。

（1）意义与目的：

①旨在激发学生学习与理解商业运作的问题及法则。

②通过收集众多中外真实企业的环境数据与运营数据，达到真实演练创业过程的目的。

③通过日常教学培训及比赛，检验学生创新创业理论素养，引入模拟仿真创业环境，检验商业理论知识储备和创业综合技能。

④结合真实项目，创新商业理念和盈利模式，模拟运营真实企业，真正做到虚实结合、专创融合。

⑤基于日常教学、模拟实战等新型评价方式的设计，可量化数据，客观评价学生的创新创业理论素养、创业潜力和创业项目。

（2）核心特点：

①以生产销售计算机的初创公司为模拟起点，运营期为三年，每月为一个操作节点。

②涉及组织运维、人资管理、营销管理、财务管理、生产管理五个方面，全面涵盖了经济、管理、法律、金融等实际商业世界中方方面面的知识。

③核心特色为蒙特卡洛模拟，用户在决策中的每个不同决定都会产生不同结果，由于软件涉及几十个功能板块参数，因此，用户的模拟结果绝无雷同，极大区别于普通模拟软件以给定决定即得单一结果的简单模拟。

④基于蒙特卡洛模拟的开放性特征，可针对不同基础的用户给出由易到难的模拟情境，极大满足从初级用户到高级用户不同层次的个性化使用需求，不同基础的用户均可从中学习并获取知识。

⑤自带操作诊断功能，判断并提示用户在使用过程中遇到的个性化问题，极大帮助用户提升独立思考和解决问题的综合能力。

⑥中英双语版情境呈现，有助于提高用户的英文水平，帮助有需求的院校提升国际化水准。

（3）功能介绍：
①模拟实训平台安装激活；
②功能页面结构，各功能模块介绍；
③基础操作：软件启动，主要功能操作，软件的读档、存档等。

二、功能介绍

模块功能

（1）SimVenture 模拟实训平台安装激活如图 1-2 所示。

图 1-2

（2）SimVenture 模拟实训平台安装激活。打开桌面快捷图标，单击"授权许可证"按钮（图 1-3），弹出图 1-4 所示的对话框。

图 1-3

图 1-4

登录 www.simventure.co.uk/webactivation.html，将本地计算机的 Site Code、MID 和注册号码 License ID 复制粘贴到网页链接相应文本框中（注意删除首尾多余空格）；并选择"First Time Activation"，单击"Submit"按钮（图 1-5）。

图 1-5

（3）功能页面结构各功能模块介绍。包括四大模块，即组织管理-Organization、营销管理-Sales&Marketing、生产管理-Operation、财务管理-Finance。

三、系统概述

系统主页如图 1-6 所示。

认识 SimVenture

图 1-6

单击"新模拟"按钮,显示新游戏的参数设定页面(图1-7)。其中可设定的参数非常丰富,可以供教师设计教学场景,也可以供学生自学挑战。

图1-7

单击"功能表"按钮,显示四大主功能模块及子模块(图1-8),可对各子功能模块进行数据设定,以求得最好公司估值。

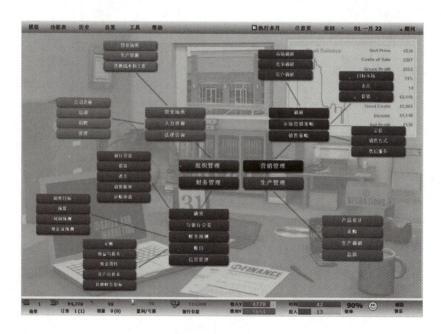

图1-8

基础学科知识拓展如下：

（1）组织管理-Organization。

①商业计划（工商管理）-Business Planning；

②外部影响（经济学）-External Influences；

③识别机会（经济学）-Identifying Opportunities；

④法律问题（法学）-Legal Issues；

⑤目标和导向管理（工商管理）-Management by Objectives & Delegation；

⑥人员（人力资源管理）-People；

⑦实际问题（工商管理）-Practical Problems；

⑧招聘与培训（人力资源管理）-Recruitment & Training。

（2）营销管理-Sales & Marketing。

①增加价值（经济学）-Adding Value；

②市场（经济学）-Markets；

③市场营销（市场营销）-Marketing；

④营销策略与计划（市场营销）-Marketing Strategy/Planning；

⑤小众市场与大众市场营销（市场营销）-Niche & Mass Marketing；

⑥选址（市场营销）-Place；

⑦定价（市场营销）-Pricing；

⑧促销活动（市场营销）-Promotions；

⑨销售（市场营销）-Sales。

（3）生产管理-Operation。

①创立小企业（工商管理）-Starting a Small Firm；

②运营管理（工商管理）-Operations Management；

③质量控制、改进和保证（工商管理）-Quality Control，Improvement & Assurance；

④产品（工商管理）-Product；

⑤生产（工商管理）-Production；

⑥供应商（工商管理）-Suppliers；

⑦时间和效率（工商管理）-Time & Efficiency；

⑧售后服务（工商管理）-After-sale Service。

（4）财务管理-Finance。

①账户和支出（财务管理）-Accounts & Expenditure；

②记账（会计学）-Bookkeeping；

③会计和金融（金融学）-Accounting and Finance；

④预算（财务管理）-Budgeting；

⑤现金流管理（财务管理）-Cash Flow Management；

⑥利率（金融学）-Interest Rates；

⑦比率分析（财务管理）-Ratio Analysis；

⑧融资来源（财务管理）-Source of Finance。

（5）其他核心技能-Other Key Skills。

①数字运用（投资学）-Application of Number；

②传媒与信息科技（投资学）-Communication & Information Technology；

③做出决策和解决问题（哲学、历史学）-Decision-making & PS；

④反思与评价（哲学、历史学）-Reflection & Evaluation；

⑤信息分析（投资学）-Analysis of Information。

四、功能介绍

基础操作包括软件启动、主要功能操作，以及软件的存档、读档等，具体如下：

单击"载入保存模拟"按钮（图1-9），进入"载入保存模拟"路径后（图1-10），是一个对以往模拟运营存档读取的页面，可以反复读取以往的存档，用于不断开启新的模拟。

图1-9

图 1-10

单击"载入场景"按钮(图 1-11),进入界面以后,是软件预设的若干学习场景(图 1-12)。每个场景都按照学习要求,从易到难进行设计,既可以用于教学,也可以用于学生日常训练。

图 1-11

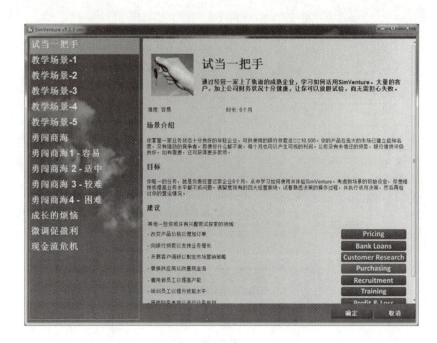

图 1-12

软件主界面具有丰富的帮助指引，协助理解和使用本软件，如图 1-13 和图 1-14 所示。

图 1-13

图 1-14

思考与总结

1. 如何在 SimVenture 平台开展业务?

扶持一家起步阶段的公司站稳脚步并不容易。以下是需要优先考虑的重要事项,尤其是前几个月。

(1)调研。根据假设来做决策不是明智之举。你需要开展市场调查和竞争对手调研,找出人们的需求及自身面临的阻力。所有关于产品设计、销售和营销的决定,都需要有健全的信息作为决策基础。

(2)产品设计。运用调研结果来设计消费者想要的产品。另外,务求产品能脱颖而出,具备明确的独特销售主张。你可以通过价格、质量、性能、特点和造型,将自己的产品与他人的产品区分开。

(3)营销策略。要想成功,请保持营销方针的一致性,采用调研结果来制定和调整营销策略。至关重要的是,你要瞄准一个市场区间,决定产品的关键卖点,然后进行市场促销将产品信息传达给潜在客户。

(4)筹集资金。筹集资金的方法很多,如向银行贷款以及透支之前,先探讨申请补贴的途径,以及争取朋友和家人的支持,但借钱要小心,别超过你的偿还能力。

(5)测试构想。在全职投入到新创立的公司之前,先了解和掌握公司经营管理的各个方面,并对构想和业务活动进行测试。如果你对自主创业和销售成绩感觉不错,此时就该琢磨是不是要真正纵身商海了,你可以通过预测来研判公司未来的成长。

（6）全职创业。当你开始对自己从事的业务充满信心，公司每个月的经营状况及发展态势良好，你不妨全职创业。

2. 如何让企业赚取更多利润？

请记住，利润是三个数字的简单总和：

$$销售收入-可变成本-固定成本=利润$$

看透这一点，就有以下三种方法来提高盈利：

（1）增加销售收入。增加销售收入意味着公司有更多的钱，它也会降低固定成本对企业的整体影响，从而提高最终净利润。

（2）降低可变成本。生产每件产品都要花钱，如果你可以降低单位成本（即使少量），对最终利润数字可能产生重大影响。值得注意的是，精明的企业老板非常关注单位生产成本，因为他们知道如果能够控制这个数字（毛利），净利润数字也就不难预测了。

（3）降低固定成本。固定成本越低，达到收支平衡所需的销售额就越低。如无论销售额多少，租金都必须垫付。

任务训练

（1）根据 SimVenture 软件介绍，完成对软件的构造认知。

（2）梳理相关功能模块，理解企业创建流程和相关工作。

（3）选择合适的伙伴，形成互补，组建运营团队（表1-1）。

表1-1

职位	成员
CEO（公司总裁）	
COO（管理总监）	
CSO（营销总监）	
CFO（财务总监）	
CPO（生产总监）	

任务二　组织管理

任务描述

组织管理是指通过建立组织结构，规定职务或职位，明确责权关系等，以有效实现组织目标的过程。组织管理的具体内容是设计、建立并保持一种组织结构。组织管理的内容有组织设计、组织运作、组织调整三个方面。

知识要点

一、了解企业组织管理等方面的工作

组织管理的工作内容主要包括以下四个方面：

①确定实现组织目标所需要的活动，并按专业化分工的原则进行分类，按类别设立相应的工作岗位。

②根据组织的特点、外部环境和目标需要划分工作部门，设计组织机构和结构。

③规定组织结构中的各种职务或职位，明确各自的责任，并授予相应的权力。

④制定规章制度，建立健全组织结构中纵横各方面的相互关系。依据制度经济学，"道"是理想，"器"是体制；企业管理的政策制度化，才能实施可操作性管理。

组织管理

二、熟练使用软件各项指令

熟练使用软件各项指令（图1-15）。

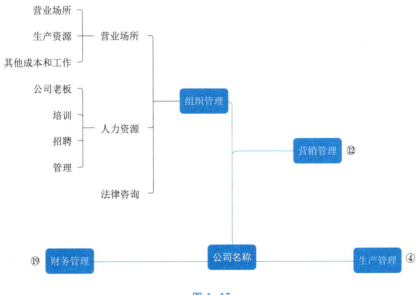

图1-15

任务实施

一、营业场所

1. 地点

选择你负担得起、同时能让公司发挥出最大潜能的营业场所。

找到合适的场所非常重要。你的决定应该基于成本、面积、租期,以及顾客、供应商的距离等因素(表1-2)。

※ 主要考量:

①钱花得值不值?

②地点在哪里?

③租约条款有哪些?

④租金包含哪些设施?

⑤搬迁对你的业务有何影响?

表 1-2

类型	家	服务式办公室	郊外办公场所	小型商业中心	商业园区	零售单位
年成本	600元	25元/m²	10元/m²	15元/m²	20元/m²	25元/m²
租期		1个月	1年	1个月	3年	2年
设施		后勤、电力、家具	无	后勤	无	无
交流		有限	不佳	有限	良好	优秀
形象		良好	良好	良好	优秀	优秀
面积	60平方米					
月成本	50元					

2. 生产资源

固定资产调整需**确保公司拥有经营所需的固定资产**。公司若无有效投资并管理固定资产,最终是在浪费金钱和时间,在最糟情况下,公司会倒闭(表1-3)。

※ 主要考量:

①你需要什么?

②它们对公司有什么影响?

③你如何付款?

表 1-3

类型	购买			租用		
	高级	标准	基本	高级	标准	基本
办公设备	1 000 元	500 元	200 元	100 元	50 元	20 元
办公家具	500 元	250 元	100 元	25 元	12 元	7 元
交通	15 000 元	7 000 元	2 500 元	200 元	100 元	50 元
工具	1 000 元	500 元	250 元	50 元	50 元	25 元

3. 其他成本和工作

其他成本和工作主要包括**应付日常业务的琐碎事**。

所有工作都要完成，所有的开支都要买单。随着业务增长，你搬迁到更大的营业场所及聘请员工，这些事项的成本会相应增加。

（1）日常成本和工作见表 1-4。

表 1-4

项目	每月成本
办公室用品	
茶点	
通信	
电力	
责任保险	
财产保险	

（2）可外包的工作见表 1-5。

表 1-5

外包工作	承包价格	每月成本
维修	10 元/h	
打扫	10 元/h	
信息技术支持	20 元/h	

二、人力资源

管理和培训员工，聘用员工为公司工作。员工是公司的重要资产。你要投入大量的时间和精力,确保员工能够迎接现代化企业的挑战。

1. 公司老板

为公司付出多少、拿走多少。

刚开始创业往往需要长时间工作,但薪酬很低,不易在成功和快乐之间取得平衡(表1-6)。

※ 主要考量:

①你打算付出多少努力?

②你需要从公司支取多少薪水,才足以维持生计?

③希望公司付你多少钱?

④长时间工作你能坚持多久?

⑤工作过度有什么风险?

表1-6

全职	是/否
每周工作时长	120 h
月薪	1 500元
疲劳程度	
快乐程度	快乐
培训课程	

2. 培训

确保你的员工具备应有的技能,能有效地展开工作。 当公司面临困境时,培训往往是最先被牺牲的。这么做或许是有必要的,但在削减培训前,你一定要三思,长期来说你可能会为此付出代价。

※ 主要考量:

①花费多少?

②需要多少时间?

③牺牲多少工作时间?

④多少人需要培训?

⑤什么时候培训?在哪里进行培训?

(1)员工技能:**核查你的员工是否具备所需的技能。** 选择你要浏览的员工页面。每名员工都能通过培训,提升11个领域的技能。在员工获得经验前,技能等级会落在培训等级之后（表1-7）。

表 1-7

技能	新手	熟练
生产		
写作技巧		
设计与开发		
调研		
基本财务		
人员管理		
业务管理		
科技		
沟通技巧		
市场营销		
销售		

（2）选择培训：**选择新课题的主题、培训方式和参加培训的人员。**首先选择培训的主题，然后决定采用何种方式培训，最后决定让哪些员工参加培训（表1-8）。

表 1-8

课题		
人力资源	业务管理	
	交流能力	
	写作能力	
	人员管理	
销售和市场营销	调研	
	市场营销	
	销售	
财务	基本财务	
技术	生产	
	信息科技	

（3）选择培训方式：**选择你要如何进行培训。**挑选能提供最佳培训的方式，但同时控制好成本，确保不会冲击业务的运作（表1-9）。

表 1-9

课题			
选择培训方式	费用	投入	有效性
培训中心课程			
现场课程			
互联网培训			
光盘			
在职培训			
书本/视频			

3. 招聘

聘请新员工，提升扩充业务的实力。优秀员工是无价之宝。投入时间和金钱招聘人才是很好的投资。

我们多数人都经历过找工作的过程，但从雇主的角度看，这个过程是非常棘手的烦心事。

※主要考量：

①如何找到预想人选？

②挑谁面试？

③面试包含哪些部分？

④你能为潜在员工提供什么？

选择和招聘员工（表 1-10～表 1-13）。

表 1-10

所需技能	技能	经验水平	典型的薪酬范围
主要/次要	没有	学徒/主管/经理/专家	0/0
	基本财务		
	高级财务		
	销售		
	市场营销		
	设计		
	生产		
	科技		
	人员管理		

表 1-11

招聘宣传	朋友和同事	当地媒体刊登广告	使用代理商
经济成本	0	200	20%

表 1-12

审核招聘人	简短的面试	长时间的面试	面试+测试
时间成本	30 min	1 h	2 h

表 1-13

工资待遇	全职（40 h/周，年休 6 周）	（兼职 20 h/周，年休 6 周）
工资		

4. 管理

按照主次原则，为每名员工和每类工作的执行选择不同的策略，你就能确定接下来的一个月哪项工作将由谁执行（表 1-14、表 1-15）。

表 1-14

姓名	apiao		
年龄	39	年薪	全职/兼职

表 1-15

任务分配	
设计	主要/次要/后备/从未
招聘	主要/次要/后备/从未
财务	主要/次要/后备/从未
培训	主要/次要/后备/从未
生产	主要/次要/后备/从未
市场营销	主要/次要/后备/从未
销售	主要/次要/后备/从未
支持	主要/次要/后备/从未
杂项	主要/次要/后备/从未

三、法律事务

合法经营业务。商业错综复杂，受多项法律监管，这些法律条款未必容易理解。请确保你了解可能影响公司的所有事项。

1. 商业行政

在全职经营业务之前，你应备妥所有的法律文件并注册公司。你必须寻求专人帮忙准备两份文件，即股东协议和公司章程（表1-16）。

表 1-16

设立有限公司	
时间	8 h
成本	100 元

2. 健康与安全

你和员工的安康是业务运作的关键。对办公场所进行风险评估是你的职责，你也必须确保所有的健康和安全问题都被考虑在内（表1-17）。

表 1-17

实施健康与安全政策	
时间	6 h
成本	600 元

3. 合同法

还有一件重要的事情，就是为顾客提供一份明确的合同，清楚说明业务往来的条件和条款。如果没有这份合同，你的公司很可能会因为对方赖账而蒙受损失。寻求专业人士的帮助，准备一份具有法律约束力的文件，以保障合法权益，催收欠款也容易些（表1-18）。

表 1-18

制定销售合同	
时间	4 h
成本	350 元

4. 劳动法

聘请员工时，你必须准备雇主和雇员之间的合同。合同内容要包括薪金和酬劳、纪律程序、平等机会、工作时间，以及雇员的权益，如产假、陪产假和休假。拟定这些文件，应寻求专业人士提供建议和指导（表1-19）。

表 1-19

制定聘用合同	
时间	6 h
成本	500 元

思考与总结

1. 办公租金花得值不值？

毫无疑问，你必须为员工提供工作空间，但你有没有考虑过储藏空间、前台、厨房、厕所和员工休息区？你也应该考虑办公租金价格包含哪些服务。

2. 办公地点在哪里？

你可能觉得办公地点的作用并不大，但这可能影响业务的方方面面。地点优势能让你接触到更多潜在客户，并加强公司的形象。如果顾客需要花费不少时间来你的公司，他们也许就不来了。

3. 固定资产需要什么？

几乎每家公司需要的基本固定资产都大同小异：

办公室设备：现代企业需要复印机、传真机和电话机等。

办公室家具：办公桌、桌子、椅子和储物空间都是一个高效办公室必不可少的。

交通：如果你要进行个人销售，或出门考察，可能需要一辆车。

工具：若要有效生产，几乎所有的产品都需要用到一些特殊工具。

4. 作为公司老板打算付出多少努力？

要经营自己的一盘生意，就应该有刻苦打拼的动力，许多公司老板长时间工作，尤其是前几年，这并不让人感到意外。员工往往一周工作 40 h，但对于老板来说，一周工作长达 80 h 都不足为奇。

5. 公司老板需要从公司支取多少薪水，才足以维持生计？

除非还有其他的收入来源，公司的业务收入就是你主要的经济支柱。在决定创业前，确保你了解自己需要多少资金来维持生计，最好保守地进行估计，高估总比低估好。

6. 培训花费是多少？

培训的费用每天可高达几百元，也可低至近乎免费。一般来说，培训费用越高，学习的速度越快，虽然情况并非一直如此。

7. 培训需要多长时间？

有时你需要员工很快学会新技能，有时你可以允许员工慢慢学习，请根据业务的需求作决定。

8. 如何找到预想人选？

你有两个选择：一方面，登广告或通过招聘机构。登广告必须投入成本，但不保证物有所值，而且还需要你亲自联系办理。另一方面，招聘机构则会帮你打广告，提供推荐面试的候选人名单，代你处理许多行政工作，但是你要根据员工第一年薪水总额的一定比例（往往是20%），支付招聘机构一笔酬劳。

9. 招聘中挑谁面试？

一份工作可能会吸引很多求职者，尤其是你没采用招聘机构的时候。学习筛选求职者的履历是很关键的一个技能，尤其是履历上的信息，你其实不用照单全收。在这方面，招聘机构能够帮忙，他们可以先进行筛选，再将值得考虑的候选人履历交给你，招聘机构可以替你进行第一轮的初步面试。

任务训练

（1）梳理相关功能模块，完成组织管理流程和相关工作。

（2）根据企业运营数据，整理企业运营中的管理策略。

任务三 营销管理

任务描述

营销管理是指企业为实现经营目标，对建立、发展、完善与目标顾客的交换关系的营销方案进行的分析、设计、实施与控制。营销管理是企业规划和实施营销理念、制定市场营销组合，为满足目标顾客需求和企业利益而创造交换机会的动态、系统的管理过程。

> **知识要点**

一、了解企业营销管理等方面的工作

营销管理是企业经营管理的重要组成部分，是企业营销部门的主要职能。具体过程如下：

（1）分析市场机会。

①发掘市场机会。

②评估市场机会。

（2）选择目标市场。

①市场需要衡量与预测。

②市场细分。

③选择目标市场。

④市场定位。

营销管理

（3）拟定市场营销组合。

①产品：代表企业提供给目标市场的货物或服务的组合，包括产品的品牌、包装、品质、服务及产品组合等内容。

②价格：代表消费者为获得该产品所付出的金额，包括制定零售价、批发价、折扣和信用条件等。

③分销：代表企业为使产品送达目标顾客手中所采取的各种活动，包括发挥批发商和零售商的作用等。

④促销：代表企业为宣传其产品优点及说服目标顾客购买所采取的各种活动，包括广告、人员推销、营业推广及公共关系等。

（4）组织、执行和控制市场营销。

二、熟练使用软件各项指令

熟练使用软件各项指令（图 1-16）。

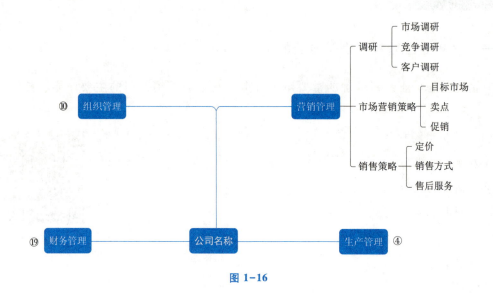

图 1-16

任务实施

一、调研

找到帮你做出正确业务决策的信息。

如果不做调研，你将是在不明就里的情况下工作，至多是凭经验对营商市场环境做出猜测，这很可能令你的业务蒙受损失。

1. 市场调研

以特定的客户组别来划分市场。

刚开始营运的新公司，很容易把每个人都当成潜在客户。这种大小通吃的想法一般行不通，因为无法针对特定的人群传达具有特定意义的信息。

通过适当的市场调研和市场分区，你可以将促销活动做得更具针对性，并专注于你的销售对象组群，这个过程被称为目标营销（表 1-20）。

※主要考量：

①用哪些因素来识别区间？

②你试图寻找什么？

③如何使用这些信息？

④如何获取这些信息？

表 1-20

项目	委员会新报告（聘用顾问）	委员会新报告（自己完成）
时间	4 h	30 h
成本	300 元	0

2. 竞争调研

对竞争者实施调查，帮助指导你建立市场策略。

避免直面与最成功的公司竞争非常重要，此外，你还需确保产品出类拔萃，使用获得的市场信息和通过市场调研选择目标区间并设计产品（表 1-21）。

※主要考量：

①你试图寻找什么？

②从哪里能获得信息？

③如何使用这些信息？

表 1-21

项目	委员会新报告（聘用顾问）	委员会新报告（自己完成）
时间	4 h	30 h
成本	300 元	0

3. 客户调研

现有和潜在客户反馈：取得客户反馈以了解他们对你公司的业务有何看法。

有些信息只可能从你的客户或潜在客户处获得。了解购买行为，你才可以对自己业务进行微调（表 1-22）。

※主要考量：

①他们如何看待你的产品？

②他们听到了什么有关你公司的信息？

③产品的优缺点是什么？

④他们怎么看待你的竞争者？

⑤他们会再次从你处购买吗？

⑥他们接触的广告渠道是什么？

⑦他们最希望你改变的地方是什么？
⑧他们的消费频率和消费数额如何？
⑨如何使用这些信息？
⑩如何获得这些信息？

表 1-22

项目	委员会新报告（聘用顾问）	委员会新报告（自己完成）
时间	4 h	30 h
成本	300 元	0

二、市场营销策略

针对目标客户，有效促销你的产品。

了解产品的独特之处，并选择最佳方法对你选定的市场进行促销。

在做出任何市场决策之前，请确保你的调研工作已完成。

1. 目标市场

选择市场营销活动的目标市场。

从市场区间调查采集到的信息去选择一组目标客户，这些数据会帮助你做出更好的市场营销决策。市场区间调查也会提供有关客户总数量的信息，帮助你做出销售预测。

※ 主要考量：

①他们想从产品中得到什么？
②他们愿意支付什么价格？
③潜在市场规模有多大？
④如何接触目标客户？
⑤该市场区间哪些竞争对手占了上风？

2. 卖点

选好卖点，令你的产品脱颖而出。

要说服消费者购买你的产品，你必须清楚地阐述购买产品的益处。根据 USP（独特的销售主张）理论，卖点是潜在客户最初会不会考虑及购买产品的关键（表 1-23）。

※ 主要考量：

①可能的卖点包含哪些？
②最重要的是什么？
③应该选出多少项卖点？

表 1-23

产品卖点	
1	无
2	良好品质
3	极端品质
	良好性能
	极端性能
	良好特点
	极端特点
	良好样式
	极端样式
	良好价值
	优秀价值

3. 促销

向潜在客户传达信息。

如果没人知道产品的存在，你的前景肯定暗淡无光。

多数人认为，广告是主要的促销途径，实际上，还有很多比较便宜、更具想象力的途径供你选择，如果使用得当，这些途径也非常有效。

※主要考量：

①花费多少？

②覆盖人群是谁？

③信息有效性怎样？

④花费多少资金才能收效？

⑤促销信息重复频率及该不该重复？

市场促销途径有以下几种。

（1）投放广告。**用花费最少、最有效的方式，让你的广告直达客户。**

广告是公司向潜在客户传达信息，最广泛采用的一种促销工具，但许多公司对广告的理解却远远不足。

※主要考量：

①广告应在哪儿投放？

②广告的受众是谁？

③广告信息是什么？

④广告费用是多少？

⑤你能制作出有效的广告吗？

制作广告并选择在何处和以何种频率播放；选择最合适的类型和符合预算的方式，打广告宣传你的产品。

你将使用什么媒体呈现你的广告？

选择展示广告的媒体。覆盖人群数目让你了解每个市场区间中能看到广告的人数，有效体现了广告效果（表1-24）。

表 1-24

媒体类型	价格	有效	目标市场					
			小微企业	小型信息通信技术公司	专业服务公司	中小型企业	工程技术公司	大型公司
目录广告	200~600元	8%~15%	14%	7%	3%	7%	7%	2%
当地报纸	50~200元	10%~20%	30%	15%	20%	20%	20%	10%
商贸杂志	500~1 500元	25%~60%	5%	20%	30%	15%	20%	10%
电视和广播	2 000~6 000元	30%~70%	40%	40%	40%	40%	40%	40%

你的广告由谁撰写？（表1-25）

表 1-25

项目	公司内部	广告顾问
时间	8 h	2 h
成本	0	300

你负担得起什么尺寸的广告？（表1-26）

表 1-26

尺寸大小	小	中	大
成本			

广告的播放频率如何？（表1-27、表1-28）

表 1-27

重复播放的月份数	

表 1-28

总花费	
总投入	

（2）拓展人脉。**跟工商社群混熟，以拓展人脉及提高交往技能。**

人脉是指与你自身区域中的商界人士认识和交往。积累人脉对于所有的小公司业主都至关重要（表 1-29）。

※主要考量：

①如何参与人脉网络拓展活动？

②如何从人脉网络拓展活动斩获最多？

③花费的资金是多少？

④参加人脉网络拓展活动好处何在？

表 1-29

加入当地的一个工商团体	
时间	3 h/月
成本	150 元/年

（3）直效营销。**向潜在客户发送定向信息，以进行业务促销。**

直效营销包括锁定有可能购买产品或服务的潜在客户。你可以通过信件、电话、传真和电子邮箱联络目标受众（表 1-30）。

※主要考量：

①应该使用什么媒介发送消息？

②应该发送给谁？

③如何知道营销效果怎样？

表 1-30

创建直效营销活动	
时间	
成本	

（4）网站。**建立网站，以宣传你的公司和产品。**

没有几家公司可以不设网站，舍弃互联网这块大饼。许多人都使用互联网来评估潜在的供应商。

※主要考量：

①网站对于市场营销起什么作用？

②你需要做什么？

③应选择哪种类型的网站？

想要何种类型的网站？（表1-31）

表1-31

类型	设置费	设置工时	每月维护费	每月维护工时
基本				
标准				
优质				

谁来设计网站？（表1-32）

表1-32

类型	设置费	设置工时	每月维护费	每月维护工时
雇用网站设计师				
自己动手				

谁为你的网站提供技术支持？（表1-33）

表1-33

类型	设置费	设置工时	每月维护费	每月维护工时
雇用网站代理商				
自己动手				

确认网站（表1-34）。

表1-34

总设置费	总设置工时	总每月维护费	总每月维护工时

（5）公关。**发布有关你公司的新闻，以扩大宣传力度。**

多数的公关工作涉及通过媒体宣传公司。公关流程的第一步，通常是将有特定主题故事的新闻稿发送给相关记者。公关宣传可以非常有效，但你需要投入时间促使它发挥效力。

※主要考量：

①你是否有好故事可讲？

②谁写新闻稿？

③谁能发表它？

④发布新闻稿的频率是什么？

撰写及通过当地媒体发布新闻稿。 先选择新闻稿的主题，然后决定要自己动笔还是交给公关机构代劳。

谁写新闻稿？（表1-35）

表1-35

项目	公司内部	公关顾问
时间	8 h	2 h
成本	0	300元

你要讲什么故事？

选择故事题材，为新闻稿定调。 寻找一个精彩的故事题材，是新闻稿草拟过程的关键部分。尽管你选择故事的角度，不会对游戏的模拟结果有影响，但在现实世界中，你的选择将会对宣传结果有所影响（表1-36、表1-37）。

表1-36

病毒——问题与解决方案
新公司
学校福利
马拉松里程碑
轶事趣闻

表 1-37

确认新闻稿	
总花费	
总投入	

（6）展览会与活动。**预订一个展位，以宣传公司和产品。**

展会和活动是你向目标对象展示产品或服务的契机。

※主要考量：

①谁会出席？

②你要预订什么样的展台？

③花费的资金是多少？

④该期待什么样的结果？

预订并指定展会。以成本、时间投入及潜在观众作为考虑因素，决定要参加哪个展会及预定多大的展位。

SimVenture 的展会如何操作？

SimVenture 假定你派一名人员参展，你需要提前预订，等待展会在预定的月份开幕。展会项目的月份来临之前，系统会提醒你，为即将到来的展会分配时间和资金。

你想参加哪个展会？（表 1-38、表 1-39）

表 1-38

展会	花费	时长	日期	与会者
"先锋工程师"电视节目	500～1 000 元	2 天	10 月	150 元
"国家技术"电视节目	1 000～3 000 元	3 天	3 月	5 000 元
"年度服务业务"电视节目	200～500 元	1 天	7 月	150 元
企业买家会面	1 000～2 000 元	2 天	2 月	100 元
"进取企业家"电视节目	1 000～3 000 元	3 天	11 月	1 000 元
信息和通信技术展	200～500 元	1 天	5 月	200 元
"小企业是大生意"——商业展览会	500～1 500 元	2 天	2 月	400 元
新企业	0～400 元	1 天	6 月	350 元
信息和通信技术贸易活动	200～500 元	1 天	9 月	800 元
技术信息	500～1 000 元	2 天	12 月	400 元
商业用计算机	1 000～3 000 元	3 天	5 月	2 000 元

续表

展会	花费	时长	日期	与会者
地方当局——认识买方	500~1 000元	2天	11月	100元
火花	1 000~3 000元	3天	6月	1 000元
企业对企业事宜	200~500元	1天	4月	250元

表1-39

名称	按市场区间比例												
	"先锋工程师"电视节目	"国家技术"电视节目	"年度服务业务"电视节目	企业买家会面	"进取企业家"电视节目	信息和通信技术展	"小企业是大生意"——商业展览会	新企业	信息和通信技术贸易活动	技术信息	商业用计算机	地方当局——认识买方	火花	企业对企业事宜
小型信息通信技术公司	1%	1%	1%	0%	0%	5%	2%	2%	5%	5%	2%	1%	2%	2%
专业服务公司	1%	1%	3%	0%	1%	3%	3%	15%	2%	0%	3%	3%	0%	3%
小微企业	20%	5%	5%	0%	60%	20%	50%	22%	20%	5%	20%	10%	10%	30%
工程技术公司	70%	1%	3%	0%	1%	5%	2%	5%	5%	2%	5%	5%	20%	10%
中小型企业	5%	2%	50%	0%	10%	10%	10%	15%	20%	3%	30%	40%	5%	15%
大型公司	1%	1%	2%	100%	1%	1%	1%	1%	1%	1%	1%	1%	1%	1%

你想预订多大的展位？（表1-40）

表 1-40

类型	总花费
小型	
中型	
大型	

其他花费有哪些？（表1-41）

表 1-41

总花费	
总投入	

三、销售策略

选择适当的策略，有效地销售产品。 通过客户金额可了解自己的产品，如果价格不合适、销售地点不恰当，销量将令人失望。

1. 定价

通过适当的定价，发现利润所在，吸引客户前来。 设置适当的价格是吸引客户的关键。在回收成本和良好价值之间寻找平衡点。必要时可利用促销和打折的方式鼓励客户购买。

※主要考量：

①你能接受的最低售价是多少？

②客户愿意支付的最高价格是多少？

③你的竞争者的价格是多少？

④价格如何影响客户对产品的观感？

⑤你可以通过促销来刺激销售吗？

改变定价并决定价格策略。指定产品定价、批发折扣或短期促销策略（表1-42）。

表 1-42

	底价	
促销折扣		
	最终价格	
	单位可变动价格	
	单位毛利	

2. 销售方式

选择将产品推向市场的最佳途径。创造销售额的方式五花八门。每种方式的工作量不同、所需投入的精力不同，产生的效果也截然不同。

※ 主要考量：

①支出是多少？

②需要多少时间和精力？

③公司将拿到占售价多少比例的收入？

④你的潜在客户通常使用哪些购买渠道？

⑤向你敞开大门的销售渠道有哪些？

对公司业务选择合适的销售渠道。

SimVenture 有三种销售渠道。每种渠道各有优势，如设置成本较低、售价较高或曝光率较高，但没有任何一种渠道同时具备以上三种优势。

（1）交易性销售：**等待客户上门订购**。让客户通过电话、互联网或柜台订购产品。销售流程应尽可能简化，方便他们订购。

※ 主要考量：

①客户知道你的存在吗？

②当客户想要购买时，他们能随时订购吗？

③客户怎么知道订购什么？

④你做好接受订单的准备了吗？

⑤你的员工接受过客户服务的培训吗？

培训员工（表1-43）。

表 1-43

目前培训的课程	
浏览员工技能	
新培训课程	

网站配置（表1-44）。

表 1-44

建立网站	

迁址商品交易直销店营业（表1-45）。

表 1-45

搬迁	

（2）个人营销：**直接销售给潜在客户**。它与直效营销相关，因为你是直接与潜在客户接洽。如果做得好，这是推高销量的有效途径。

※主要考量：

①与实际成本作比较，单笔销售的利润是否足够？

②客户会期待或需要你主动推销产品吗？

③怎么知道应该卖给谁？

④将所有需要的资源都考虑在内？

⑤谁去销售？

调整个人营销方式，选择个人营销策略。每月准备花费多少时间进行个人营销？如何挖掘销售线索？你愿意花钱雇用销售代理机构吗？（表1-46、表1-47）

表 1-46

每月准备花多少时间进行个人营销？	
3 h/次——登门销售	

表 1-47

如何挖掘销售线索以进行个人营销？	
使用电话簿	5 min/条
购买数据库	0.2/条+5 min
自己做调研	15 min/条

（3）**分销商销售**：**通过大型分销商销售产品**。小公司要打入市场，难免力有不逮。通过分销商，你可以更有效地开拓市场，尽管你需要以较低的价格销售产品（表 1-48）。

※主要考量：

①分销商能接触到的客户群体有多大？

②分销商将会得到多少提成？

③怎么令分销商接受你的产品？

④你要接受什么样的条件？

⑤你会因此失去一些直接销售的机会吗？

表 1-48

调研分销商	
时间	4 h

3. 售后服务

获得客户的支持，解决客户的问题，不要搞到倾家荡产。想要留住客户，避免因差的服务态度而恶名昭著，产品支持必不可少。客户支持团队必须了解客户遇到的各种问题并提出解决方案，从简单的问题乃至产品完全失灵（表 1-49）。

※主要考量：

①客户需要怎样的产品支持？

②客户何时需要帮助？需要花费多长时间？

③支持服务可以加收费用吗？

④客户支持对你的市场策略有多重要？

⑤你能帮助客户，让他们自行解决问题吗？

表 1-49

培训员工	
浏览员工技能	
新培训课程	

思考与总结

1. 市场调研中用哪些因素来识别区间?

每个市场都不同。地点、购买力和产品需求,常用于划分业务区间,但更常通过社会地位、性别、年龄和兴趣来对客户进行划分。

2. 市场调研中你在试图寻找什么?

(1) 他们为数多少,身处何地?

(2) 如何可以接触到他们?他们阅读什么报纸?

(3) 他们愿意支付多少钱用于购买?

3. 竞争调研中你在试图寻找什么?

(1) 他们的产品的优势和劣势分别是什么?

(2) 他们的产品价格是多少?

(3) 他们的业务有多成功?

(4) 他们如何做市场营销?

(5) 他们的市场份额是多少?

4. 从哪能获得竞争调研的信息?

多数信息都可在公关开放资源处找到,小册子和广告也能提供大量信息,其他找不到的信息可以通过打电话获得,或者你的朋友有与该公司有关的经历,或者你可以付费让市场调查公司代劳,尽管价格可能不会便宜。

5. 如何使用客户调研信息?

(1) 改进产品设计,令其更符合客户需要。

(2) 改进市场策略,使所有营销活动对应客户需求。

(3) 通过了解客户的购买模式,为将来做出精准规划。

(4) 预测来自竞争者的威胁,并发掘机遇。

(5) 为你的产品做出正确的定价。

6. 如何获得客户调研信息？

你可以委托调查机构来做这项工作，也可以自己来做。如果你没有接受过调查技巧方面的培训，自己做调查含有一些隐患。

你可以使用的方法：

（1）邀请人来完成调查问卷。

（2）邀请人来参加活动以获取他们的反馈。

（3）通过电话访问听取他们的想法。

（4）使用互联网论坛。

7. 客户想从产品中得到什么？

这将决定产品的设计，因为你没必要销售客户不想要的东西。产品的卖点也应该围绕这点进行考虑，以贴近客户需求。

8. 客户愿意支付什么样的价格？

你的定价策略取决于客户愿意支付的价格。你当然可以降价，但是价格只要高于市场愿意承付的水平，产品就很难卖得出去。

9. 产品可能的卖点包含哪些？

卖点显然包括产品的关键属性——品质好、性能高、功能全面等。请不要忽视客户可能关注的其他因素——如付款方式、到货时间、是否送货等。

其他可能的卖点聚焦于公司的优势而不是产品——公司信誉卓著、引领市场、关心客户、灵活性强等都是可能的卖点。

10. 产品最重要的卖点是什么？

你的调研完全取决于目标受众，即该调研所识别出的目标区间。它有助于发掘此区间的受众想从你的产品得到什么。

通过客户反馈调查，找出客户最优先考虑什么，借此细化卖点，这比市场区间调查的结果更精确。

11. 你的促销将花费多少？

有些促销方式，如投放广告，可能非常昂贵。选择行之有效并且实惠的促销方式非常重要。花费多少往往取决于覆盖人群的数量及促销规模。

12. 促销的覆盖人群是谁？

不要向那些完全不会对你的产品感兴趣的人打广告。想让促销信息取得成效，找准目标受众至关重要，因此，有必要对促销方式进行调研。

13. 你能承受的最低售价是多少？

最低售价通常是每个单位产品的生产成本。但是，要获得利润，就要抬高价格，以抵消某个比例的固定成本。比例的大小取决于单位销售量。

14. 客户愿意支付的最高价格是多少？

无论产品多好，目标客户愿意支付的价格，总有一个上限。价格越高（也就是利润越高），被排除在外的潜在客户越多。

15. 建立销售渠道的支出是多少？

建立销售渠道，涉及两类不同的成本。开始销售时，必须将设置成本和实施成本考虑在内。一般来说，设置成本属于经常费用的一部分，而实施成本则被视为销售成本的一部分。

16. 建立销售渠道需要花费多少时间和精力？

开通销售渠道，需要花费时间与人交谈，以及制作宣传材料和/或订立合同。这些都完成之后，你还得付出进一步努力，确保销售额持续增长。

17. 客户需要怎样的产品支持？

产品支持主要包含两个方面：一是距离销售之日很近的初期问题，如安装；二是后期问题，如产品出现故障。

18. 客户何时需要帮助？需要花费多长时间？

客户需要帮助的时间点，通常不在常规营业时间以内。傍晚和周末成了繁忙时段，这可能让你头痛不已，你可以付费使员工在非常规时段工作，也可以提供一些无须动用人力的替代形式，或者不在非常规时段提供客户支持服务。

任务训练

（1）梳理相关功能模块，完成营销管理流程和相关工作。
（2）根据企业运营数据，整理企业运营中的营销策略。

任务四　财务管理

任务描述

财务管理是在一定的整体目标下，关于资产的购置（投资）、资本的融通（筹资）和经营中现金流量（营运资金），以及利润分配的管理。财务管理是企业管理的一个组成部分，是根据财经法规制度，按照财务管理的原则，组织企业财务活动，处理财务关系的一项经济管理工作。简单来说，财务管理是组织企业财务活动、处理财务关系的一项经济管理工作。

知识要点

一、了解企业财务管理等方面的工作

企业财务管理的主要内容包括融资、与银行交易、财务预测、账目、信贷管理等。

从狭义上说，融资是一个企业的资金筹集的行为与过程，即公司根据自身的生产经营状况、资金拥有的状况，以及未来经营发展的需要，通过科学的预测和决策，采用一定的方式，从一定的渠道向公司的投资者和债权人去筹集资金，组织资金的供应，以保证公司正常生产需要，经营管理活动需要的理财行为。公司筹集资金的动机应该遵循一定的原则，通过一定的渠道和方式去进行。通常，企业筹集资金无非有三大目的，即企业要扩张、企业要还债及混合动机（扩张与还债混合在一起的动机）。

财务预测是根据财务活动的历史资料，考虑现实的要求和条件，对未来的财务活动和财务成果做出科学的预计和测算。财务预测的目的是测算企业投资、筹资各项方案的经济效益，为财务决策提供依据，预计财务收支（现金流量）的发展变化情况，为编制财务计划服务。

二、熟练使用软件各项指令

熟练使用软件各项指令（图1-17）。

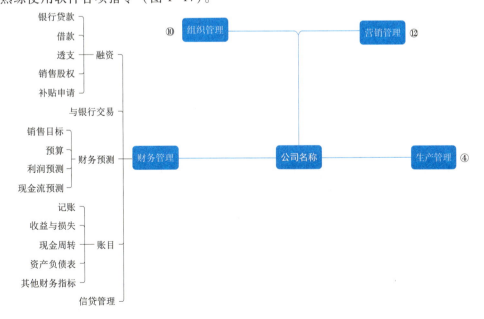

图1-17

任务实施

一、融资

选择最好的融资方式,扩大业务。

除非你非常幸运,一开始就资金充沛,或者你做好长期等待的准备,否则你可能需要寻找更多的资金注资到你的公司。融资有很多种方式,但没有一个是完美的。

财务管理

※主要考量:
①如何使用筹集的资金?
②筹集的资金需要用多久?
③成本是多少?
④你能提供何种抵押?
⑤你愿意舍弃多少?

1. 银行贷款

对小企业来说,银行贷款是最普遍的融资渠道。一般需要抵押及支付贷款立项费用(表1-50)。

表 1-50

名称	数额
金额	
期限	6个月/1年/2年/3年
利息	14%
利息总额	
手续费	
每月还款	

2. 借款

很多小企业至少能从朋友、家人那里以贷款或入股的形式筹集到一些钱(表1-51)。

表 1-51

名称	数额
金额	
期限	6个月/1年/2年/3年
利息	10%
利息总额	
每月还款	

3. 透支

与其直接融资，你也可以考虑如何改善现金流，这也能达到同样的效果，使你有更多的钱可花（表 1-52）。

表 1-52

名称	数额
手续费	100
时间	4 h
基本利息	10%
未安排透支	+25%

4. 销售股权

向私人投资者售股也是一个方法，但需要注意的是整个过程所需的时间较长，而且需要支付高昂的律师费用（表 1-53）。

表 1-53

名称	数额
律师费用	500
时间/中介费用	40 h/1 000+16 h
计划融资金额	

5. 补贴申请

有很多机构为起步公司提供补助。显然，免费的注资对新公司帮助很大（表 1-54）。

表 1-54

项目	培训补贴	科研补贴
金额	500	500
时间	8 h	16 h

二、与银行交易

开设银行账户，更有效地管理财务。

没有银行账户，就无法经营一家公司。银行提供的额外服务，能为公司提供多方面的帮助。银行应该是你的伙伴，而非绊脚石。

※主要考量：

①银行账户能做些什么？

②成本是多少？

③如何开设银行账户？

④你有哪些选择？

SimVenture 假设你到银行开了一个标准的商用账户。如果你的账户有结余，那么你所赚取的年息率为银行基准利率3%。银行可为你提供透支和贷款，其利率是以银行的基准利率作为基础来计算，而且利率各不相同。一旦你的信贷额度透支，那么你须支付的年利率为基准利率外加25%（银行基准利率5%）（表1-55）。

表 1-55

申请透支	申请贷款

三、财务预测

预测公司未来的经营情况，从而在问题发生之前做好预测。

在问题影响业务前顺利把它们解决，往往比事件发生后再急着救火更好。要做到这一点，就需要着眼未来，做出合理的设想。

1. 销售目标

设立的销售目标能提供财务预测所需的信息。

没有销售目标，你无法知道需要投入多少进行促销，你也无法有效地监督销售情况。

※主要考量：
① 什么是销售目标？
② 为什么有必要设立销售目标？
③ 如何制定销售目标？
④ 你将如何使用预测结果？

进行详细的损益预测，预测未来几个月的收入和开支。

收入高于成本是最理想的情况，这样才会有利润。把过去三个月的数字列出来，以便作比较（表1-56、表1-57）。

表1-56

项目	1月	2月	3月	4月	5月	6月	7月	8月	9月	10月	11月	12月
销售收入												
总收入												
销售成本												
经常费用												
利润												

表1-57

项目	1月	2月	3月	4月	5月	6月	7月	8月	9月	10月	11月	12月
收入												
销售（数量）												
销售（额）												
+其他收入												
总收入												
-销售成本												
毛利润												
经常费用												
工资												
设计												
培训												
租金												
研究												
销售和市场营销												

续表

项目	1月	2月	3月	4月	5月	6月	7月	8月	9月	10月	11月	12月
财务												
杂项												
经常费用总额												
利润												
累计												

调整现金流预测，预测资金何时进出公司的银行账户。

统计每个月的支出及各类业务的收入金额，确保结余不低于银行透支（表1-58）。

表 1-58

项目	1月	2月	3月	4月	5月	6月	7月	8月	9月	10月	11月	12月
收入												
转入下期												
销售收入												
+其他												
总收入												
成本												
材料												
生产												
工资												
设计												
培训												
租金												
研究												
销售和市场营销												
财务												
杂项												
总成本												
现金流												
累计												

2. 预算

制定预算，预计未来几个月的开销，从而进行财务预测。

无法制定预算的公司，往往都会因开销过度而产生种种问题。因此，制定预算目标并监督表现是非常重要的（表1-59）。

※主要考量：

①什么是制定预算？

②为什么有必要制定预算？

③如何制定预算？

表 1-59

项目	1月	2月	3月	4月	5月	6月	7月	8月	9月	10月	11月	12月
总收入												
销售成本												
经常费用												
利润												

3. 损益预测

进行损益预测，预测未来几个月将赚取多少利润。

成立公司就是为了赚取利润，所以获得盈利是非常重要的。一些简单的计算能提供所需的损益信息。

※主要考量：

①什么是损益预测？

②损益预测为什么是必需的？

③如何制定损益预测？

④如何使用损益预测？

4. 现金流预测

预测进出公司的现金流动。

现金流可能是小公司面对的最大问题。就算公司赚钱，但如果缺少了最宝贵的资金，生意也会失败（表1-60）。

※主要考量：

①什么是现金流预测？

②现金流预测为什么是必要的？

③如何预测现金流？

④如何使用预测结果？

表 1-60

项目	1月	2月	3月	4月	5月	6月	7月	8月	9月	10月	11月	12月
转入下期												
总收入												
总成本												
现金流												
累计												

四、账目

准备财务报表以鉴定公司的财务状况。

准备财务报表不只是遵守法律规定，如果你没有账目信息，将无法经营一家成功的公司。

1. 记账

记录每一笔交易，为财务账目提供原始数据。

记账是每家公司的必修课。法律规定，公司必须记录每一笔交易，并依照税务要求妥善保管六年的财务记录（表 1-61）。

※ 主要考量：

①什么是记账？

②有必要记账吗？

③是否有其他选择？

表 1-61

记账	
不记账	
自己记账	
聘请专人负责记账	

2. 损益报告

损益报告用于评估公司的利润，看公司是否经营妥善。

赚取利润是每家公司的目标，所以获得盈利是非常重要的。损益报告将显示出公司过去12个月的表现（表1-62）。

※ 主要考量：

①什么是损益报告？

②损益报告为什么重要？

③如何准备损益报告？

④如何使用损益报告？

表 1-62

项目	1月	2月	3月	4月	5月	6月	7月	8月	9月	10月	11月	12月
总收入												
销售成本												
经常费用												
利润												

3. 现金流

现金流报告用于评估现金流的历史记录，发现未来的潜在问题。

多数小公司可使用的财政储备有限，而且无法吸引大额借贷，现金流是最大的问题，所以要密切留意现金流的变化。

※ 主要考量：

①什么是现金流？

②如何准备现金流报告？

③为什么监督现金流很重要？

④在现金流报告中能学到什么？

详尽现金流报告用于评估进出公司的现金流动。

比较每个类别的收入和支出，注意那些产生成本后才支付的项目。

4. 资产负债表

资产负债表用于衡量公司有形资产和债务的价值。

使用资产负债表中的资产价值、债务和欠款，可以计算出公司的账面价值，这个价值也被称为公司的股本或净值（表1-63）。

※主要考量：
①什么是资产负债表？
②资产负债表的用途有哪些？
③如何获取信息？
④是否有其他选择？

表 1-63

固定资产	550 元
+流动资产	10 000 元
-流动负债	0
=净流动资产	10 000 元
-长期负债	0
净资产	10 550 元

详尽资产负债表用于通过资产和负债来评估公司的价值。

供应商、客户和贷方将依据详尽资产负债表提供的信息决定是否投资该公司（表 1-64）。

表 1-64

资产			
	+设备	550 元	
	=固定资产合计		550 元
	+股票	0	
	+债务人	0	
	+现金	10 000 元	
	=当前总资产		10 000 元
	=总资产		10 550 元
负债			
	+债权人	0	
	=当前总负债		0
	+长期贷款	0	
	+股东权益	10 550 元	
	=长期负债合计		10 550 元
	=负债合计		10 550 元

5. 其他财务指标

多渠道评估公司的财务状况。

衡量公司的表现可以使用比率，潜在投资者常会使用这些比率来对公司进行估值（表1-65）。

※主要考量：

①已动用资本回报率。

②流动比率。

③杠杆比例。

④资产周转率。

表 1-65

已动用资本回报率	利润/资本
流动比率	流动资产/流动负债
杠杆比例	贷款/资本
资产周转率	销售周转率/净资产

五、信贷管理

留意那些尚未付清欠款的客户，针对拖欠行为采取应对措施。

一旦提供赊账服务，难免会遇到逾期付款的客户。对逾期付款的处理态度要保持一致，这将加快收款的速度，改善现金流（表1-66）。

※主要考量：

①欠债方是否已经知道逾期？

②逾期付款的原因是什么？

③客户被追款有何感受？

④值得追款吗？

⑤是否有其他选择？

表 1-66

逾期月数	方法	欠款
1		
2		
3		
4		
总额		

调整信贷管理，选择应对逾期还款的客户方式，针对每个月过期的款项，选择应对办法。你的赊账期为30天，有些人会提早付款，有些人则会迟付（表1-67）。

表1-67

时间	方式
逾期1个月	
逾期2个月	
逾期3个月	
逾期4个月	

选择信贷管理方式：选择一种处理逾期付款的方式。

应选择占用最少的资金和时间，并最有可能让客户还款的方式（表1-68）。

表1-68

方式	成本	时间
不采取任何行动	0	0
书面提醒	0.5	5 min
电话提醒	1	15 min
法律途径	300	6 h
追债公司	20%	1 h

思考与总结

1. 如何使用筹集的资金？

资金的用途决定融资的难易程度，与拯救苦苦挣扎的业务相比，如果资金是为了扩大一个成功的业务，那么融资则更容易，因为这对于信贷人来说风险较小。购买资产（如车辆或器械）可以通过其他的融资途径，如租购或租赁。

2. 融资资金需要用多久？

资金是为了解决现金流的起伏，还是为了满足长期的需要？对资金的长期需求应该集中考虑发售股本或低息贷款，但对于短期借贷来说，灵活度很重要，银行透支可能会更好。

3. 银行账户能做些什么？

（1）支付并接受其他商业账户的款项——现金交易已越来越少。

（2）赚取利息——否则通货膨胀将侵蚀你的储备。

(3) 争取向银行透支——多数公司都需要短期借贷。

(4) 获取建议——能为新公司提供帮助，大银行一向引以为傲。

(5) 争取长期贷款以支持公司成长。

4. 与银行交易的成本是多少？

基本上所有的银行都会为新客户免费提供 12~18 个月的导入期服务。之后，采用哪种账户任君选择。有些账户每笔交易都要缴付固定的费用；有些账户要求每个月固定缴费，则所有服务不再额外收费；还有的账户只要存款达到一定额度就不再收费。

5. 什么是销售目标？

销售目标是对未来几个月销售额的预测。销售目标只是销售所产生的收入，不考虑实际的利润。

6. 为什么有必要设立销售目标？

没有销售目标，就无法对利润或现金流进行预测。你必须对未来的收入心中有数，才能预测未来的问题，在问题恶化前及时解决。同时，销售目标能够让你监督业绩表现，提早发现问题。

7. 什么是制定预算？

制定预算是对未来几个月主要花销项目的预估。由于经常会出现难以预见的开支，因此在每项花销中加入应急费用是明智的做法。

8. 为什么有必要制定预算？

如果你没有订立一些支出目标，就无法制定财务预测，对利润和现金流进行预估。如果不限定花费顶限，将很容易过度消费。

9. 什么是损益预测？

损益预测，顾名思义，是以过去几个月的收入和开支作比较，从而对公司的利润做出预估。这无关何时支付款项，关键在于成本是何时发生的。

10. 损益预测为什么是必须的？

公司需要获利才能继续经营。如果一直亏损，那么离关门也不远了。新公司常常错误地以为只要把卖价定在成本价以上就高枕无忧了。你必须定期查看损益预测，从而避免掉入这个陷阱。

11. 什么是现金流预测？

现金流预测是对你未来每个月将有多少现金进出银行账户的预测。现金流预测中的数据应该准确显示资金何时转手。

12. 现金流预测为什么必要？

一旦公司的现金短缺，那么很可能会破产，所以要避免出现这样的情况。但对没有接受过专业训练的人来说，提前发现现金流有问题是困难的，一旦公司的现金短缺，那么很可能会破产，所以无论如何要避免出现这样的情况。因此，定期制定并审核预测非常重要。

13. 什么是记账？

公司的每一笔交易都要记录得当，包括日期、金额、付款方式，如有必要，还要记录增值税（VAT）的金额。记账采用复式簿记的系统，每笔款项都会被记录两次，一次是用来记录款项的种类；另一次是用于更新受影响的账目。

14. 有必要记账吗？

首先，法律规定所有公司都必须准确地记录账目。同时，只有准确记账才能提供有意义的信息，这是任何一家有限公司都必须遵守的法律规定。

15. 什么是损益报告？

利润（或亏损）是产品的销售额和制作成本的差额。如果收入超过成本，就可以赚取利润；如果成本超过收入，则蒙受亏损。

16. 损益报告为什么重要？

每家公司都必须取得长期利润才能存活下去。一旦亏损，短期内你可能可以维持下去，但你的财政储备会逐渐被侵蚀，最终公司难以经营下去。

17. 什么是现金流？

现金流是进出公司的现金流动，关乎的是资金转手的时间，而非发生成本的时间点。若顾客赊购，可能会带来一些问题（这意味着几天后才付款，一般是7～30天后）。

18. 如何准备现金流报告？

进出公司的每一笔款项都要被归类为收入或支出。支出将从收入中扣除，结果就是那段时间内进出公司的净现金流。

19. 什么是资产负债表？

公司的净值（而非市值）是资产和负债的总和，不包括品牌、未来盈利等无形资产。

20. 资产负债表的用途是什么？

资产负债表能够为公司的财务状况提供重要线索。欠款额度是一个非常重要的指标，因为这可能导致一家看似健康的公司沦为问题公司。贷方和投资者可以通过资产价值来判断是否要注资该公司。不要天真地以为，这个数字就能代表公司的价值。衡量公司的价值是一个更加复杂的过程，需要考虑公司未来的潜在表现。

21. 已动用资本回报率、流动比率、杠杆比例、资产周转率

已动用资本回报率：这个比率衡量的是公司相对于其资本所产生的利润，可以告诉投资者这项投资可产生怎样的回报，就像储蓄账户的利息一样。如果已动用资本回报率低于储蓄账户的利息，那么该公司的已动用资本回报率为

$$已动用资本回报率＝净利/已动用资本×100\%。$$

流动比率：这个比率衡量的是公司的流动性，也就是公司是否有资金满足短期的需要。一般情况下，1.5是一个相当不错的指标，如果这个比率大幅低于1，公司可能处于险境。投资者、客户或供应商可以使用这个数字来评估公司经营状况。

流动比率＝流动资产（现金、营收款项、存货）/流动负债（应付款项、银行透支）

杠杆比例：杠杆比例衡量公司的还款能力，是股本和储备占公司长期贷款的百分比。这个比例越高，公司的还款能力就越强。这个比例也常被用来衡量公司的借贷能力，即比例越高，借款潜力就越低。这也可以衡量投资者的风险，高杠杆比例意味着高风险。

$$杠杆比例＝长期贷款/已动用资本×100\%$$

资产周转率：资产周转率可以衡量公司如何使用资产来取得销售额。这个比例越高，对资产的利用就越有效。投资者和公司主管可以使用这个比例来评估公司运营效率。

$$资产周转率＝销售周转率/净资产$$

22. 欠债方是否知道已经逾期？

很多推迟付款的人，其实不知道欠款已经逾期，只要提醒他们就可以了。还有一些人对系统有了解，他们要等收到提醒之后才付款。无论如何，你只需要发送一封言辞礼貌的催款信或电子邮件即可。

23. 逾期付款的原因

尽管有些顾客想尽一切办法推迟付款，但很多人这么做是有充分原因的，你可能需要通融一下。如现金流、突发状况、员工短缺等问题，这些可能是你的公司未来也要面对的挑战，所以谅解也是不错的选择。

任务训练

（1）梳理相关功能模块，完成组织财务流程和相关工作。

（2）根据企业运营数据整理企业运营中的财务策略。

任务五　生产管理

任务描述

生产管理是对企业生产系统的设置和运行的各项管理工作的总称，又称生产控制。其内容包括生产计划、生产组织及生产控制。通过合理组织生产过程，有效利用生产资源，经济合理地进行生产活动，以达到预期的生产目标。

知识要点

一、了解企业生产管理等方面的工作

1. 生产管理的内容

（1）生产组织工作：选择厂址、布置工厂、组织生产线、实行劳动定额和劳动组织、设置生产管理系统等。

生产管理

（2）生产计划工作：编制生产计划、生产技术准备计划和生产作业计划等。

（3）生产控制工作：控制生产进度、生产库存、生产质量和生产成本等。

（4）保证按期交付正常：根据生产计划安排，保证客户产品交付正常。

2. 生产管理的任务

对客户产品交付异常情况进行及时有效的处理；通过生产组织工作，按照企业目标的要求，设置技术上可行、经济上合算、物质技术条件和环境条件允许的生产系统；通过生产计划工作，制定生产系统优化运行的方案；通过生产控制工作，及时有效地调节企业生产过程内外的各种关系，使生产系统的运行符合既定生产计划的要求，实现预期生产的品种、质量、产量、出产期限和生产成本的目标。生产管理的目的就在于做到投入少、产出多，取得最佳经济效益。而采用生产管理软件的目的，则是提高企业生产管理的效率，有效管理生产过程的信息，从而提高企业的整体竞争力。

二、熟练使用软件各项指令

熟练使用软件各项指令（图1-18）。

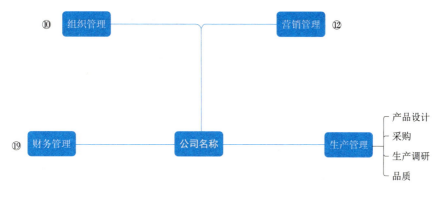

图 1-18

任务实施

一、产品设计

如何设计出客户想要的产品？

撇开市场营销技巧不谈，除非你提供客户想要的产品，否则不可能取得成功。产品的属性组合既要选择正确，又要保持低成本，在两者之间取得微妙的平衡是制胜之本（表 1-69、表 1-70）。

※主要考量：

①客户需要什么？

②设计需要多长时间？

③制造成本多高？

④重新设计将影响哪些方面？

⑤是否有其他考虑？

表 1-69

项目	数值	元件	成本
品质	77%	17	161.5
功能	83%	18	171
特征	47%	10	95
造型	90%	20	190

表 1-70

内部进行	设计咨询
41 h	30 h+8 h

二、采购

选择采购策略,以达成业务需求。

找寻合适的供应商,似乎不是那么重要,尤其是供应商选择众多,价格相差不大(表 1-71、表 1-72)。

※主要考量:

①你需要支出多少?

②供应商的付款条件如何?

③你是否与供应商关系良好?

④供应商是否靠得住?

⑤大量采购能否争取到折扣?

表 1-71

现行供应商	PC 店
基本价格	
信用期	
产品元件量	
待运抵元件量	
原件库存量	
原件最低订购量	

表 1-72

类型	价格	条款	折扣
网络批发商	8.5 元		>5 000 元(15%)
小型批发商	8.5 元	账期 30 天	>2 000 元(10%)
个体批发商	9.5 元		
大型批发商	9 元	账期 60 天	>500 元(5%)

三、生产调研

生产调研决定产品如何生产及库存多少。

当你具备了大规模生产的能力，规模效益或许有助于降低成本，你也可以将生产工作外包给其他公司（表1-73～表1-76）。

※主要考量：

①产品库存量是多少？

②每次生产多少件？

③谁负责生产工作？

④完工交货需要多长时间？

表1-73

制造量	
上月订购量	
产品库存量	
在制产品量	
完成订单所需	
本月产品制造量	

表1-74

生产方式	
内部生产	
全部外包（8 h+0.5 h/件）	
部分外包	

表1-75

数量	成本
1~4	100元
5~24	90元
25~99	80元
100+	70元

表 1-76

每件产品元件成本	
每件产品生产成本	
元件总成本	
生产总成本	
总成本	
本月度生产投入预估	

四、品质

质量控制：监控产品可靠性，追求高水平质量。

质量管理的主要目标是尽量减少和消除故障，从而使产品质量得到提升。

通过监控可以改善管理体系，避免将缺陷产品交付给客户（表 1-77）。

※ 主要考量：

①什么是质量控制？

②为什么有必要进行质量控制？

③应该如何做？

④你有什么样的选择？

表 1-77

上月退货量
选择产品质量检测时间
最少——2 min
基本——5 min
正常——15 min
严谨——30 min

思考与总结

1. 客户需要什么产品？

通过市场调研，辨识客户需要。除非你了解客户的需要，否则无法判断产品属性的正确组合。

2. 产品设计需要多长时间？

你不可能一夜之间更改设计。无论是制作、测试产品及解决问题，都需要一段时间。这也意味着，你必须想得长远，预想设计完成之后，业务将朝什么方向发展。

3. 你需要支出多少资金用于采购？

你支付给供应商的价格，显然是影响盈利的重要因素。购买元件能节省几分，你的利润就能增加几分。

4. 采购供应商的付款条件如何？

供应商一般会提供信贷宽限期给声誉卓著的客户。假如你的主要客户习惯于赊账付款（如30天之后给付），你应该与供应商洽谈，避免在客户付款之前先垫付购买元件的款项。

5. 产品库存量是多少？

与其接到订单才制造产品，因补货不及时而流失客户，倒不如利用仓库存储一定的产品量，库存产品随时上架出清。但这么做有一个坏处，就是现金流会被绑住，这可能导致你无法把钱花在关键处。

6. 每批次生产几件？

大批生产比每次生产一件更有效率，但是数量未必符合订单要求及拟订的库存量。大批生产和大量采购的策略，两者相辅相成，产品造价更低。

7. 什么是质量控制？

质量控制是一套用于检查产品或服务的流程，以确保失效产品和服务出厂或到达客户手中之前，产品的瑕疵和缺陷被识别出来。其目的是防止缺陷产品出现，同时，根除生产过程中引致缺陷的导因，找出问题所在。

8. 为什么有必要进行质量控制？

任何客户拿到缺陷产品，都难免会大失所望，替换产品所造成的不便是局部原因，有关的产品/服务也会因此变得似乎不那么有价值。这不只影响未来的重复购买率，口碑不佳也将摧毁企业名声和业绩，尤其是产品的故障率偏高。

任务训练

(1) 梳理相关功能模块,完成生产管理流程和相关工作。

(2) 根据企业运营数据,整理企业运营中的生产策略。

项目二

创业项目实践

项目导读

近年来就业形势严峻，国家高度重视和关心大学毕业生就业，二十大报告明确提出：强化就业优先政策，健全就业促进机制，促进高质量充分就业，完善促进创业、带动就业的保障制度，支持和规范发展新就业形态。教育部也把高校毕业生就业摆在突出位置。在此背景下，创新创业已经被列为大学生发展的重要渠道。创新创业项目的实践能够促进大学生的职业发展，加强大学生自身创新创业意识，提高其实践创新能力，因此，如何进一步拓展大学生创新创业实践项目，如何制定更加科学、合理的大学生创新创业训练计划，是至关重要的。通过创新创业项目实践，培养大学生掌握扎实的职业技能，提高实践能力，培养创新创业思维，为毕业之后走上社会打下坚实的基础。

学习目标

1. 素质目标

具备主动创新意识和创业潜质分析能力；能够甄别和分析创业资源；树立科学的创新创业观；激发创新创业意识，提高社会责任感和创业精神，促进创业、就业和全面发展。提升团队合作能力，强化共赢意识，加强综合知识应用能力；养成项目PPT制作和美化过程中精益求精的工匠精神；路演过程需体现出文明礼仪、语言得体、表现自信的心理素质；锻炼提高参与各级各类创新创业大赛的能力。

2. 知识目标

掌握路演流程；掌握创业项目计划书的写作内容和格式；掌握创业PPT制作的方法和技巧。

3. 能力目标

能够在路演过程中表述清晰、语速适中，路演内容有所侧重，肢体语言得体，眼神配合项目PPT并与专家有所交流；完成完整的创业项目计划书。逐步形成创新创业者的科学思维；能够掌握在项目运营过程中团队组建、资源利用的方法，通过加强社交能力，从而提升信息获取与利用及合作的能力；能够完成完整的项目路演PPT。

任务一 创业项目计划书

任务描述

创业项目计划书是在创业之前制定的全方位的项目规划，目的是帮助创业者厘清发展思路，进行自我评价，为已成立或拟成立的企业经营活动和发展前景指明方向，使创业者在创业实践中有章可循。在大学生创新创业大赛中，一份完美的创业计划可以增强创业者的信心，向潜在的投资者、债权人、客户、供应商等企业的利益相关者展示项目的可行性，以便于他们能对企业或项目做出评判，从而使企业获得融资。创业项目计划书有相对固定的格式，它几乎包括了投资商所有感兴趣的内容，从企业成长经历、产品服务、市场、营销、管理团队、股权结构、组织人事、财务、运营到融资方案。只有内容翔实、数据丰富、体系完整、装订精致的创业项目计划书才能吸引投资商，让他们看懂项目商业运作计划，才能使融资需求成为现实。创业项目计划书的质量对创业者的项目融资至关重要。融资项目要获得投资商的青睐，良好的融资策划和财务包装是融资过程中必不可少的环节，其中最重要的是应做好符合国际惯例的高质量的创业项目计划书。目前，中国企业在国际上融资成功率不高，不是项目本身不好也不是项目投资回报不高，而是创业项目计划书编写的草率及策划能力让投资商感到失望。创业项目计划书的起草与创业本身一样是一个复杂的系统工程，不但要对行业、市场进行充分的研究，而且要有很好的文字功底。对于一个发展中的企业，专业的创业项目计划书既是寻找投资的必备材料，也是企业对自身的现状及未来发展战略全面思索和重新定位的过程。

知识要点

一、撰写创业项目计划书的目的

1. 作为重要的创业项目的载体

创业项目计划书是用来描述和拟创办企业有关的所有内部及外部环境的条件，以及要素特点等，能够为项目的发展提供指导和标准。通常，创业计划是市场营销、财务规划、生产研发、人力资源等规划的综合。创业项目计划书是创业项目的载体。每一位创业者在创业起初都会将创建企业的发展、项目规划、商业价值及融资计划编写成规范的计划书，创业项目计划书的质量，往往会直接影响创业发起人能否找到合作伙伴、获得资金及其他政策的支持。

2. 帮助创业者更有计划创业

编撰创业项目计划书的过程，不能仅依靠个人的力量去完成，而是要靠团队协作能力共同完成，这就需要团队中不同职能部门的协作，例如，市场部需要进行详细的市场调研和数据分析，形成有效调研报告供产品研发部门进行产品设计和研发，而研发部门需要将产品的性能、组成、作用、优势等内容通过计划书板块进行展示，营销部门才能更好地制定营销推广方案，财务部门才能更好地进行财务状况分析和盈利计算。在此过程中，如果有一环出现问题，就会导致整个过程出现问题，乃至整个项目不能更好地向前推进。因此，一份好的创业项目计划书能使创业者更客观、更全面地从各个角度把控企业的发展，帮助创业者厘清创业思路，明确经营理念，更好地审视项目全方面的运作情况。

3. 吸引投资

创业项目计划书在各类创业大赛中占有一定的分量，也是创业企业形象的象征和代表，投资方通过创业项目计划书的展示，能更好地了解项目的计划、前景和发展。撰写创业项目计划书的优秀团队，投资者往往也会认为团队成员的整体水平较高，专业能力较强，加之如果项目选择也很出彩，则更容易吸引投资者的注意。一份专业的创业项目计划书会凝聚创业者很多的心血，也会迸发出智慧的火花，通过创业项目计划书展示创业团队的能力与决心。

二、创业项目计划书撰写要点

根据以上项目评审要点，创业项目计划书撰写要点可分为项目简介、产品/服务介绍、市场分析与定位、商业模式、营销策略、财务分析、风险控制、团队组织分工。

三、创业项目计划书财务部分的撰写

（一）高职学生创业项目计划书财务部分撰写过程中存在的问题

创业项目计划书的内容主要包括项目背景、产品介绍、业务范围、市场分析、营销策略、人事组织、生产计划、财务规划及风险管理等。创业项目计划书中的财务部分可以通过财务预算、财务分析、投资决策等方法展示创业项目目前及未来的财务状况、经营成果、现金流量等信息，帮助投资者判断企业发展趋势，明确投资态度。高职学生创业项目计划书中的财务部分往往由在校的会计专业学生撰写,但他们对专业理论知识的理解程度有限,实践工作经验缺乏,在撰写过程中往往存在很多问题。

1. 财务数据不充分

高职学生创业项目计划书中的财务部分往往只列示当期的资产负债表、利润表及财务比率分析情况,无法从深度和广度上向投资者展示阶段性成果和风险水平,导致投资者无法合理预估公司未来的发展趋势。

2. 财务数据缺乏依据

高职学生在撰写财务规划时缺乏对市场信息及产品生产规划的全面考虑,财务表格的制作往往只是简单地套用数据模板,不能从企业产销情况出发。

3. 财务数据逻辑错误

财务报表数据之间具有严密的逻辑关系,每个数据的来源都有相应的依据。在高职学生的创业项目计划书中普遍存在财务数据逻辑错误、报表内部及关联报表间的勾稽关系不平衡等问题。

(二)高职学生创业项目计划书财务部分撰写的一般要求

创业项目计划书中的财务部分应向投资者呈现以下信息:初期的股权结构、至少 5 期的投融资规划、预计财务报表数据及分析、投资决策的可行性分析等。所有数据应在当前经营状况的基础上,完整、直观地向投资者传达营业收入、成本费用、现金流量、负债水平、盈利能力信息和企业持久性的表现,并正确反映公司的财务绩效。

(三)高职学生创业项目计划书财务数据的形成过程

高职学生参加创业大赛的项目一般都是初创企业或拟成立的公司的项目,无法依据历史财务数据进行财务预算,只能从市场调研、商业模式、产品工艺、生产流程等活动出发,对已知信息进行加工筛选,从零预算着手规划。由于产业背景、市场环境和经营理念的差异化,创业项目计划书中的财务数据不能单纯地套用模板,需要从项目的实际出发,突出重点,展示亮点。财务数据的形成是一个复杂的过程,一个数据的错误将导致整体数据的勾稽关系不平衡。为了保证财务数据准确度和整体一致性,最快捷有效的方法是采用单元格引用及跨表链接的方法在 Excel 中建立表格。其中,财务数据形成的步骤如图 2-1 所示。

1. 市场规划

财务预算的起点是销售预算,销售预算来源于合理的市场评估,所以,财务数据的起点是在做好充分的市场调研下对企业发展规模的策划。创业团队需要根据企业规模发展的速度测算发展区间,如"淮安宿迁地区—苏北地区—江苏省—华东六省—全国""长江三角洲—珠江三角洲—京津唐地区—渤海湾区域—我国港澳台地区—国外"等发展线路。在设置好

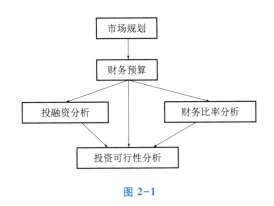

图 2-1

发展路线的前提下,以基期数据为准,综合城市规模、人口数量及消费水平等因素测算每个阶段产品的销售预算。

2. 财务预算

财务预算的前提是确定一系列假设或基础数据,以工业企业为例,在预算开始前要估计每期预计的销售量、期末的产品库存量、材料价格用量、材料期末库存量、平均工资率、设备性能、销售管理成本等。

财务预算的具体步骤如下:

(1) 遵循以销定产的原则,在考虑期初、期末产品库存的前提下估算产品的生产情况;

(2) 根据企业的目标利润确定材料费、人工费、制造费用、间接费用的合理比例,并制定业务预算;

(3) 从业务预算中抽取相关数据编制现金预算表、预计资产负债表和预计利润表。

编制财务预算的注意事项如下:

(1) 编制财务预算采用变动成本法,目的是在投资可行性分析中进行产品盈亏平衡分析;

(2) 编制业务预算,明确各期的现金收入和现金支出,为编制现金预算做准备;

(3) 编制销售收入预算、直接材料采购预算需确定当期未收款项及当期未付款项,从而确定预计资产负债表的应收账款预、应付账款项目的金额;

(4) 在生产预算和材料采购预算中分别设置产品与材料的期末库存量,从而确定预计资产负债表中的存货项目。

3. 投融资分析

拟创企业投融资数量的确定需要结合定性分析进行定量测算。企业各期的融资金额确定来源于现金预算,当"期初现金余额+当期现金收入-当期现金支出<0"时,为保证期末现金余额为正数,就必须考虑融资数量。融资数量确定后再分析各种融资方式的优缺点及融资

成本，制定合理的融资结构。其中，股权性融资是确定每期股权结构的重要依据，也是投资者确定投资数量的前提条件。拟创企业初期的投资主要面向企业内部，如购建厂房，购置生产设备、办公设备、交通工具等。企业每期新增固定资产的金额和固定资产原值可以从财务预算中的各期折旧费进行推导测算。

4. 财务比率分析

创业项目计划书财务预算可以直接反映拟创企业各发展阶段的财务状况、经营成果及现金流量。财务比率分析可以更加详细地分析企业的偿债能力、营运能力、盈利能力和发展能力，从资产债务结构、资金使用效率、收益水平、未来的发展趋势角度向投资者呈现企业的实力。财务比率分析表的制作只需要在相应的单元格中引用财务预算中的预计财务报表数据设置公式即可。需要注意的是，创业项目计划书中的财务预算和财务比率数据要反映企业潜在的价值。

5. 投资可行性分析

一般情况下，投资可行性分析从投资决策指标的计算和产品盈亏平衡分析两个方面开展。投资决策指标主要包括净现值、净现值率、获利指数、投资回报期和内含报酬率等。计算投资决策指标的前提是营业现金流分析、必要报酬率和营业周期假设。其中，营业现金流数据主要来源于现金预算表。投资决策指标的计算结果需要满足投资可行性要求，如净现值大于0，获利指数大于1，投资回报期小于营业周期的1/2等。产品的盈亏平衡点是指在一定的时间和业务量范围内，产品的销售收入和成本相等的销售量，即在这个点上产品销售盈亏平衡，正好保本，即"盈亏平衡点的销售量＝固定成本/（销售价格－单位变动成本）"。其中，销售价格是市场调研获取的已知数据，单位变动成本从财务预算中产品成本预算表中获取，固定成本的数据是财务预算中的制造费用、销售费用、管理费用等的固定费用合计数。只有计算出的预计销售量高于盈亏平衡点时，企业才可以盈利，换而言之，只有销售预算中的销售量大于盈亏平衡点的销售量，投资项目才具有可行性。在以上财务数据的计算中，只要企业规划设计合理，财务预算方法合理，数据引用正确，即可保证报表内部及各报表间数据的勾稽关系平衡。

（四）高职学生创业项目计划书财务部分内容的展现形式

财务数据的形成具有较强的严谨性和复杂性，是创业项目计划书财务部分撰写的基础工作。创业项目计划书财务部分的撰写不是简单地罗列数据，而是在列示数据的基础上进行合理的阐述与分析。

（1）创业项目计划书财务部分应选择最能直观反映企业预计盈利水平和发展前景的表格作为数据依据，如反映企业财务状况、经营成果和现金流量的预计财务报表，与投融资相关的股权结构表、固定资产投入情况表、财务比率分析表及投资指标可行性分析表。

（2）创业项目计划书财务数据涉及的表格数量多，关键性的数据可以通过图片的形式更生动地展示出来。图片的生成以表格为依据，通过 Excel 插入图表的方法自动生成。调整图例、标题、类型、标签、颜色等使图片变得更加美观生动，将企业的财务情况更直观地呈现给投资人。

（3）创业项目计划书财务部分的撰写需要用图表和文字相结合的方式才能达到简明易懂的要求。文字部分要求简洁准确，重点突出，表述清晰完整，特别是图表的文字说明部分，一定要结合图表数据针对性地分析阐述。

四、撰写创业项目计划书常见问题

（一）市场调研不够详尽，调研数据没有说服力

市场调研在企业经营管理过程中扮演着重要的角色，通过调研数据向企业决策者提供产品及服务有效的信息和优劣势分析，作为产品服务必要的线索和支撑。部分团队没有清晰的目标与认识，并未找到精准人群做市场调研项目，甚至没有找到项目核心问题，也没有针对问题作出有效的数据分析。部分团队未运用市场调研正确的途径和方法，市场调研目标不明确，市场调研对象未准确到产品受众本身，仅为纸上谈兵，没有契合市场。

（二）对产品或产品服务的前景过于乐观，无客观认知

基于对产品市场的定位和市场调研的不准确性，导致团队盲目推动产品运行，对于市场前景过于乐观。缺乏对产品、对服务、对市场和对竞争的全面了解，导致市场营销方案不全面，市场估值较高，短期财务预估不合理。

（三）对竞争没有清晰的认识，忽略竞争对手

在创业过程中，对于产品的研发和市场的预估要基于市场竞争份额、产品市场饱和度及份额占比进行，没有清楚的市场竞争认知和没有做过相关市场竞争调研的创业团队，往往缺乏对创业目标的认识，缺乏竞争性的产品，缺乏市场定位，缺乏产品研发优势，也缺乏市场竞争。部分学生团队疏于对市场竞争调研及相关阐述。

（四）撰写不够规范，内容或简单或冗长，逻辑不清晰

部分团队常见问题还包括对创业项目计划书撰写格式的不规范，用语不规范，内容或简略或冗长，没有将关键问题进行详细阐述，创业项目计划书内容陈述逻辑不明，主次颠倒，企业相关的重要核心内容表述有缺失。

（五）对于市场规模及财务预测不切实际

没有对产品市场规模做过详细调研，无合理的数据支撑，如过去产品销售量增长缓慢，

而在没有任何营销举措的前提下，对未来市场预期过高等问题。

五、注意事项

（一）思想上重视创业项目计划书在整个创业过程中的指导作用

首先创业项目计划书作为项目运作主体的沟通工具，起着至关重要的作用，所有的项目推动、团队合作、产品定位、销售等环节都要在做好创业项目计划书的前提下进行，而创业项目计划书必须着力体现项目价值，才能够更好地吸引投资方和战略合作伙伴。创业项目计划书作为项目运作过程中的主体工具，有着非常重要的战略性和全局性，是项目有效的管理工具。其具有非常重要的指导作用，因此，创业团队必须在思想上重视创业项目计划书，更认真仔细地去完成，才能使其更具有价值，同时，在各类创业比赛项目中，创业项目计划书的分值占比也尤为重要。

（二）建议多参考优秀创业项目计划书

每个团队都有创业项目计划书，但是要做出一份打动人心的创业项目计划书不是一件容易的事情，建议创业学生团队多借鉴参考好的国赛作品，取其精华，再对自己的创业项目计划书加以反思，打磨出更佳的作品。

（三）加强团队协作，强化多岗位合作

团队协作有利于提高企业的整体效能。通过发扬团队协作精神，加强团队协作建设能促进创业项目更好地发展，在撰写创业项目计划书的阶段，加强团队内部协作力和多岗位融合，能让计划书每个模块的内容更好地进行衔接，而不是毫无关联的，甚至是相互矛盾的存在。只有增强部门协调配合的意识，建立部门间协调配合制度，加强部门间的合作，才能真正形成工作合力。凝心聚力共同完成的创业项目计划书也更具有生命力和吸引力。

任务实施

创业项目计划书

企 业 名 称

创业者姓名

日　　　期

通 信 地 址

邮 政 编 码

电　　　话

传　　　真

电 子 邮 件

目 录

一、企业概况 …………………………………………………………………（75）

二、创业者个人情况 …………………………………………………………（75）

三、市场评估 …………………………………………………………………（76）

四、市场营销计划 ……………………………………………………………（78）

五、企业组织结构 ……………………………………………………………（79）

六、投资 ………………………………………………………………………（81）

七、流动资金（月）…………………………………………………………（84）

八、销售收入预测（12个月）………………………………………………（86）

九、销售和成本计划 …………………………………………………………（86）

十、现金流量计划 ……………………………………………………………（88）

一、企业概况

选择创业项目的理由：
_____
_____
_____
_____

简述企业愿景：
_____
_____
_____
_____

企业主要经营范围：
_____
_____
_____
_____

企业类型：□制造企业　□贸易企业　□服务企业　□农、林、牧、渔企业　□其他（请说明）
_____
_____
_____
_____

二、创业者个人情况

以往相关经验（包括时间）：
_____
_____
_____

教育背景及所学习的相关课程（包括时间）：
_____
_____
_____

三、市场评估

目标顾客描述：

_____
_____
_____
_____
_____
_____
_____
_____

市场容量或变化趋势：

_____
_____
_____
_____
_____
_____
_____
_____

预计市场占有率：

_____
_____
_____
_____
_____
_____
_____
_____

竞争对手的主要优势：

1.
2.
3.
4.
5.

竞争对手的主要劣势：

1.
2.
3.
4.
5.

本企业相对于竞争对手的主要优势：

1.
2.
3.
4.
5.

本企业相对于竞争对手的主要劣势：

1.
2.
3.
4.
5.

四、市场营销计划

1. 产品或服务

产品或服务	主要特征
(1)	
(2)	
(3)	
(4)	
(5)	

2. 价格

产品或服务	预测成本价格	预测销售价格	竞争对手的销售价格
(1)			
(2)			
(3)			
(4)			
(5)			

折扣销售	
赊账销售	

3. 地点

(1) 选址细节:

地址	面积/m^2	租金或建筑成本

（2）选择该地址的主要原因：

_____
_____
_____
_____

（3）销售方式（选择一项并在左侧的□内画"√"）：

将把产品或服务销售或提供给：□最终消费者　　□零售商　　□批发商

（4）选择该销售方式的原因：

_____
_____
_____
_____

4. 促销

广告		成本预测	
人员推销		成本预测	
营业推广		成本预测	
公共关系		成本预测	

五、企业组织结构

企业将登记注册成：
□个体工商户　　□个人独资企业
□合伙企业　　　□有限责任公司
□其他（请说明）
拟定的企业名称：
企业成员：

职务	薪金/工资（月）
企业主或经理	
员工：	

企业将获得的营业执照、许可证：

类型	预计费用

企业承担的其他法律责任（保险、纳税等）：

种类	预计费用

股份合作协议

条款　协议内容　合作人				
企业计划注册资金				
出资方式				
出资数额				
股权份额及利润分配				
利润数额与亏损承担				
分工、权限和责任				
违约责任				
转股、退股及增资				
协议变更和终止				
其他条款				

企业组织结构图：

六、投资

1. 机器、机械和其他生产设备

根据企业销售量预测，假设达到100%的生产能力，拟购置以下机器、机械和其他生产设备：

项目	数量	单价	金额/元
（1）			
（2）			
（3）			
（4）			
合计			

供应商名称	地址	电话或传真

2. 器具、工具和家具

根据企业生产经营活动的需要，拟购置以下器具、工具和家具：

项目	数量	单价	金额/元
（1）			
（2）			
（3）			
合计			

3. 交通工具

根据交通和营销活动的需要，拟购置以下交通工具：

项目	数量	单价	金额/元
（1）			
（2）			
合计			

供应商名称	地址	电话或传真

4. 电子设备

根据企业办公的需要，拟购置以下电子设备：

项目	数量	单价	金额/元
(1)			
(2)			
(3)			
合计			

供应商名称	地址	电话或传真

5. 无形资产

根据企业的需要，开业前拟购买以下无形资产：

项目	金额/元	备注
(1)		
(2)		
(3)		
合计		

6. 开办费

根据企业的需要，需支付以下开办费：

项目	金额/元	备注
(1)		
(2)		
(3)		
合计		

7. 其他投入

根据企业的需要，除固定资产、无形资产、开办费用外，开业前还需支付以下费用：

项目	金额/元	备注
(1)		
(2)		
(3)		
合计		

8. 投资概要

项目	金额/元	月折旧额/摊销额/元
房屋、建筑物		
机器、机械和其他生产设备		
器具、工具和家具		
交通工具		
电子设备		
无形资产		
开办费		
其他投入		
合计		

七、流动资金（月）

1. 原材料（或商品）和包装费

项目	数量	单价	金额/元
(1)			
(2)			
(3)			
(4)			
(5)			
合计			

供应商名称	地址	电话或传真

2. 其他经营费用（不包括折旧费和贷款利息）

项目	金额/元	备注
工资		
租金		
促销费		
办公用品购置费		
维修费		
保险费		
水电费		
电话费		
其他费用		
合计		

八、销售收入预测（12个月）

产品或服务 \ 销售情况 \ 月/季/年		1	2	3	4	5	6	7	8	9	10	11	12	合计
1	销售数量													
1	平均单价													
1	月销售额													
2	销售数量													
2	平均单价													
2	月销售额													
3	销售数量													
3	平均单价													
3	月销售额													
4	销售数量													
4	平均单价													
4	月销售额													
5	销售数量													
5	平均单价													
5	月销售额													
合计	销售总量													
合计	销售总收入													

注：八、九、十3张表格，要求逐月填写1年的销售收入预测，如企业投资回收周期较长，可选择按季或年来填写。

九、销售和成本计划

项目 \ 金额/元 \ 月/季/年														合计
销售	含税销售收入													
销售	增值税													
销售	销售净收入													

续表

项目	月/季/年 金额/元										合计
成本	原材料（列出项目）										
	（1）										
	（2）										
	（3）										
	包装费										
	工资										
	租金										
	促销费										
	保险费										
	维修费										
	水电费										
	电话费										
	宽带费										
	办公用品购置费										
	其他费用										
	折旧和摊销										
	月初现金（A）										
现金流入	现金销售收入										
	赊账销售收入										
	贷款										
	企业主（股东）投资										
	现金流入合计（B）										
现金流出	现金采购										
	赊账采购										
	包装费										
	工资										
	租金										
	附加税费										
	利润										
所得税	企业所得税										
	个人所得税										
	其他										
	净利润										

注：对于"所得税"项目的填写，有限责任公司填写"企业所得税"，个体工商户、个人独资企业和合作企业填写"个人所得税"，实行定额征收的企业填写"其他"。

十、现金流量计划

项目 \ 金额/元 \ 月/季/年									合计
月初现金（A）									
现金流入	现金销售收入								
	赊账销售收入								
	贷款								
	企业主（股东）投资								
	现金流入合计（B）								
现金流出	现金采购								
	赊账采购								
	包装费								
	工资								
	租金								
	促销费								
	保险费								
	维修费								
	水电费								
	电话费								
	宽带费								
	办公用品购置费								
	贷款本息								
	税金								
	投资（列出项目）								
	现金流出合计（C）								
月底现金（A+B-C）									

思考与总结

创业项目计划书是在创业之前制定的全方位的项目规划，目的是帮助创业者厘清发展思路，进行自我评价，为已成立或拟成立的企业经营活动和发展前景指明方向，使创业者在创业实践中有章可循。在大学生创新创业大赛中，一份完美的创业项目计划书可以增强创业者的信心，向潜在的投资者、债权人、客户、供应商等企业的利益相关者展示项目的可行性。

任务训练

（1）用一两句最具诱惑力的话概括公司的经营内容，也就是投资亮点。
（2）用一两句话来介绍公司的产品或服务，以及解决了用户什么问题。
（3）用一两句话来清晰地描述公司的商业模式（盈利模型）。
（4）用一两句话来描述公司行业及细分领域、巨大的市场规模及美好的发展前景。
（5）用一两句话来描述公司相对于竞争对手的核心竞争优势。
（6）用一两句话来陈述公司本轮期望的融资金额及主要用途。
（7）用几句话来展示创业者和核心管理团队的背景及曾经取得的相关成就。
（8）用一个表格来展示公司的理事会财务状况和未来财务的预测。

任务二　创业项目 PPT 制作

任务描述

创业项目 PPT 应包含图 2-2 所示的内容。

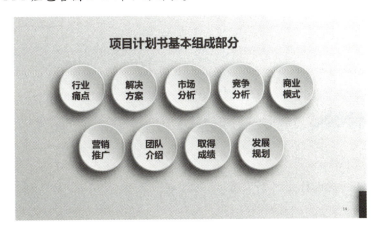

图 2-2

知识要点

创业项目 PPT 基本内容如图 2-3 所示。

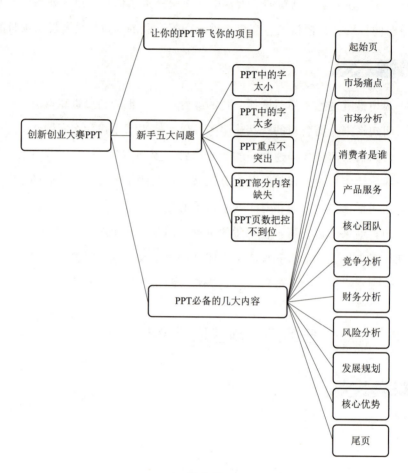

图 2-3

任务实施

1. PPT 封皮

创业项目 PPT 封皮设计如图 2-4 所示。

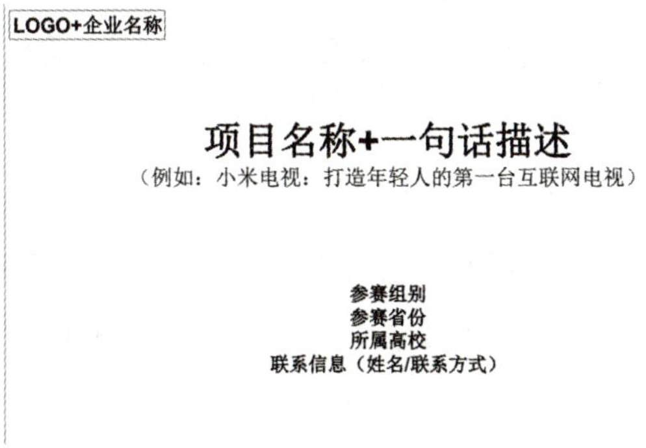

```
LOGO+企业名称
```

项目名称+一句话描述
（例如：小米电视：打造年轻人的第一台互联网电视）

参赛组别
参赛省份
所属高校
联系信息（姓名/联系方式）

图 2-4

2. 第一部分：分析市场现状和行业背景（1~2 页）（图 2-5）

（1）讲清楚项目相关的行业背景（细分行业）、市场发展趋势、市场空间、规模（用数字进行说明）。注意：行业市场分析要具体且有针对性，要与所要做的事情紧密相关，避免空泛论述。

（2）描述在目前的市场背景下，你发现了一个什么样的痛点或需求点/机会点。在分析这个痛点时，如已有解决相关痛点的产品或服务，可能需要简要分析已有的产品或服务存在的不足，表明当前的商业机会。

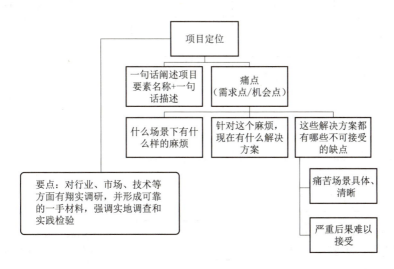

图 2-5

3. 第二部分：讲清楚要做什么，准备干一件什么事情（1 页）

要做的事情应该是一两句话就能说清楚。讲清楚有什么样的解决方案，或者什么样的产品，能够解决第一部分发现的痛点（你的方案或产品是什么，提供了怎样的功能），最好能配上简单的上下游图，或功能示意图，或简要流程框图，让人对项目一目了然。不要整页PPT都是大段文字。关于内容，需要注意不要追求大而全，要专注聚焦，表明你就想做一件事情，而且就想解决这件事情中的某一个关键问题；不建议盲目跟风，追随投资热。

4. 第三部分：优势（6 页左右）（图 2-6、图 2-7）

（1）党的二十大提出：加快实施创新驱动发展战略，强化企业科技创新主体地位，加快实现高水平科技自立自强。因此，PPT 要重点体现核心技术优势（如专利、论文、科研等）、国内国际排名、业内排名等。

（2）资源优势：为什么这件事情你能做，而别人不能做？或者为什么你能比别人干得

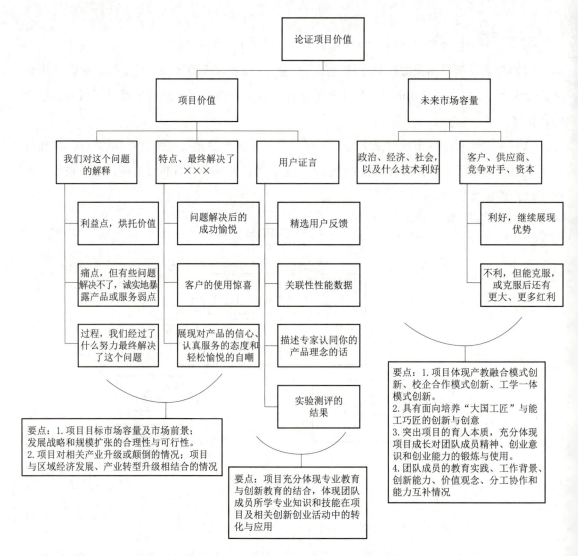

图 2-6

好？你的特别的核心竞争力是什么？你与众不同的地方是什么？如学校支持、政府支持、行业垄断等。

（3）口碑优势：目前已经达成里程碑（产品、研发、销售等关键环节的进展，尽量用数据）。

（4）团队优势：技术科研型团队可作为优势进行介绍。

（5）横向知名竞品对比分析：做关键维度的全参数和价格等元素的对比分析，一定要客观、真实，优劣势可都有，突出本项目的优势。

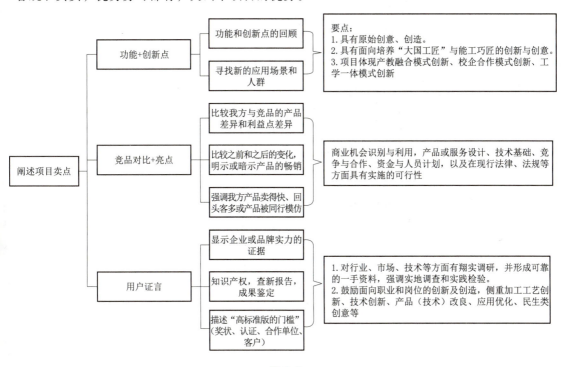

图 2-7

5. 第四部分：商业模式、运营模式、营销模式、盈利模式（3 页左右）（图 2-8）

（1）说明未来如何挣钱，即你的商业模式，产品将面对的用户群是谁，针对这个用户群，你所采用的有效（结果说明一切）营销方式。营销方式要真的能落地、能执行、能赚钱、能复制。

（2）目前已经达成里程碑合作案例（尤其是与著名企业的合作，总共有几家，总收入、年限、产品、效果等关键环节的进展，尽量用数据）。

6. 第五部分：财务预测与融资计划（1 页）（图 2-9）

（1）财务预测：未来 6 个月至 3 年的财务预测、总收入、总支出（场地、人员、固定成本、生产成本等）、利润，最后持续盈利。

（2）融资：目前的估值（最好简述估值逻辑，是基于市盈率（5/10/40）×12个月的利润，还是基于市销率×销售收入，还是基于对标等方式算出来的）。1年或6个月需要多少钱？释放多少股份？用这些资金干什么？达成什么目标？（不建议写未来3年，甚至5年的财务预测，除非是已经非常成熟的项目。）

（3）之前的融资情况（如果有的话）。

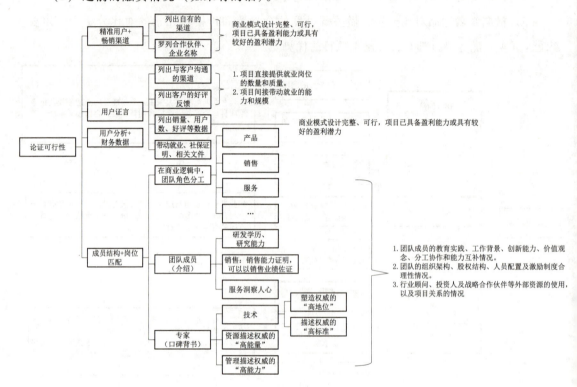

图 2-8

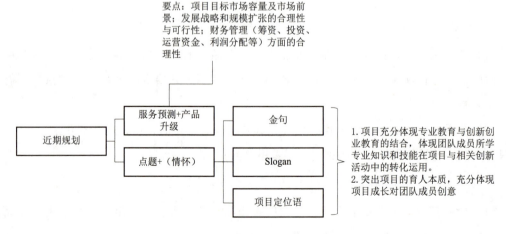

图 2-9

7. 第六部分：项目团队（1页）

（1）说清楚团队的人员组成、分工和股份比例。

（2）团队要科学、合理分工，人尽其职，需要介绍团队主要成员的背景和特长（强调个人的能力适合该岗位，团队的组合适合创业项目）。

（3）说清楚团队的优势，要让听众相信这个事情由你们这个团队来做会成功。如果是科技成果转化项目，有必要说明老师在团队中担任的角色。

8. 第七部分：战略规划——永不止步的未来（1页）

（1）企业的无限发展与复制的可能性，如3~5年的营业收入、行业占有率、企业规模、人员规模、上市计划等。

（2）产品研发的迭代，产品可以达到的高度和广度，如部分核心功能的描述，或使用推广程度的描述。

思考与总结

（1）本任务的主要内容是项目的内容要素，建议务必在各自项目材料中进行体现。

（2）投资人很看重创业项目计划书的PPT，以此来判断创业团队的综合素质。因此，见创业项目计划书如见团队，第一印象非常重要。一份逻辑清晰、文字精练、观点鲜明、视觉美观的PPT非常重要。创业团队必须要会写和会讲PPT。

（3）如果想提升PPT水平，建议多学习苹果、小米、华为、乐视、罗辑思维等产品发布或对外演讲的PPT，包括它们的文字和视觉等。

（4）不建议封面标题直接用公司名字（尤其是对于尚未成立公司的项目），因为看公司名称并不知道你的公司是做什么的，不利于建立评委对项目的第一印象。

任务训练

针对任务一的创业项目计划书制作一个PPT。

任务三　创业项目路演

任务描述

路演是创业项目获得社会和投资人认可的重要方式。在大众创业、万众创新的热潮中，大学生创业政策体系越来越完善，越来越多的创业者通过创业项目路演在投资说明会上推介自己的创业计划，在创业大赛中展示自己的创业方案。创业项目路演可以给创业者提供将其所描绘的"空中楼阁"转化、落实到产业实际的机会，是创业者与政府、投资者之间进行交流的桥梁，可以帮助创业者展示创业机会，加强资源整合，获得投资者青睐，实现创业梦想。近几年兴起的创业大赛提供给国内创业者展现自己的舞台，不同级别、区域、主题的创业大赛不断涌现，其中影响范围较大的有中国"互联网+"大学生创新创业大赛、"挑战杯"中国大学生创业计划竞赛、中国创新创业大赛、"创客中国"创新创业大赛等。这些大赛营造了良好的创业氛围，为培养创业意识、提高创业能力、扩大创业成果的影响力提供了良好的环境。

知识要点

一、路演的分类

（1）融资路演。融资路演以融资为主要目的，利用创业项目或由企业代表向投资方进行讲解。

（2）大赛路演。大赛路演以大赛获奖为主要目的，由参赛者或参赛企业向评委方进行讲解。

（3）推广路演。利用创业项目或由初创企业代表向大众或特定人群进行讲解。

（4）总结路演。总结路演以阶段性总结汇报为主要目的，利用创业项目或由企业代表向培训主办方或投资者进行讲解。

二、创新创业路演的社会价值

（1）搭建一个项目沟通的桥梁。

（2）通过这种形式，创业者能够获得来自不同投资人的不同观点。即使最终没能获得投资，能够获得一些知识和批评也是有价值的。

（3）这样的路演过程，对于创业项目的成长也是非常有利的。

（4）引导行业的发展和变革。一般来说，参加创业路演的创业项目多为比较前沿的领域和方向。从这种意义上说，创业路演引导着行业的发展，是行业动态的风向标。

（5）利用头脑风暴刺激行业发展。在创业路演过程中，创业者和投资人通常会就某个问题进行意见交换，甚至是争论，投资人之间也经常会出现意见相左的时候。头脑风暴时，大家都在表达最真实的看法，是对行业或项目来自不同角度的深度思考，这样的争论会刺激行业的发展。

（6）发现创业项目和创业者的价值。创业路演的核心价值是能够发现优质项目或优秀的创业者。这种核心价值是创业路演的最根本目的。从微观上说，满足了创业者和投资方的双方需求；从宏观上说，推动了某个行业甚至领域的快速发展。

三、创业路演的实施过程

创业路演项目的实施过程分为四个阶段，即准备阶段、设计阶段、实施阶段和反馈阶段。

第一阶段：创业路演项目准备阶段。在创业路演项目准备阶段，学生首先接受通识知识、专业知识和专业能力等课堂理论知识的训练，教师在相关的课程设计过程中（主要是专业知识和专业能力课程中）有意识地启发学生。高校把创业教育融入专业课教学，设计创业相关环节，既启发学生思维，又锻炼学生的创业意志。高校通过组织开展创业活动，如邀请企业家创业交流会、企业家报告宣讲、学生创业大赛等，营造创业氛围。通过组织学生参加创业技能大赛，制定并不断完善自主创业支持政策，为学生接下来的项目做好准备。

第二阶段：创业路演项目设计阶段。创业路演项目设计不是盲目的，需要有充足的时间进行准备。在准备阶段完成后，由学生提出创业项目，可以由一个学生提出想法，也可以是团队智慧的结晶，若仅由一个学生提出想法，学生须选择相应的合作者，最终均要求学生以团队的形式作战。学生提出创业项目后，做出可行性报告，教师、企业人员从专业的角度予以指导，给出评审意见；对不可行的项目提出改进方案或要求重新选择项目。对项目的评判将主要从企业市场需求、项目对专业知识的创新性贡献、项目的可操作性等角度做出，企业除帮助做可行性评价外，还需要对可行性项目予以资金和技术上的支持。

第三阶段：创业路演项目实施阶段。实施阶段是前两个阶段成果的一种实践，学生以团队的形式，将项目方案逐步实施。这一阶段教师对学生的影响相对较小，学生可以听取教师的建议，也可以按照自己的思路完成。学生对项目自负盈亏，因为企业对资金技术的支持，学生实际亏损的可能性非常小，也解决了很多创业者对资金的顾虑。高校在这一阶段主要为创业学生提供场地支持及合作企业，创业路演项目也鼓励学生独自找寻与其项目更匹配的企业，且能够与其成功协商使其成为新的校企合作的成员。

第四阶段：创业路演项目反馈阶段。反馈阶段主要是对创业路演项目效果的反馈，也是对项目目标完成情况的检验，主要考察的内容包括校企深入融合的情况、教师能力提升情况、学生成长情况和创业项目的持续发展情况等几个方面。这几个方面的情况主要按照创业项目设计中提出的可行性方案设计的指标进行考核。项目反馈在时间和形式上没有限制，因为如教师能力、学生成长等不易量化的指标需要时间的积累才能显现，因此，创业路演项目在这一阶段完成后并未结束，而是会转入下一次的创业路演项目中，这样，创业路演项目就能够可持续地发展下去。

任务实施

一、项目开头

1. 用户调研

用户调研思路如图 2-10 所示。

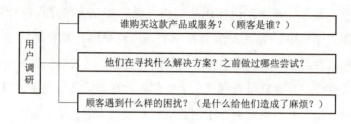

图 2-10

案例 1：

遇到困难：2016 年 8 月 6 日，捷星航空一架波音 787 客机，由于齿轮带断链，在空中发生了空中停车的故障。

严重后果：这次事故一共造成美国的航空公司直接损失达到了 5 000 万美元，而这次事故的主要原因是传动系统中有一个齿轮断裂。在人们日常生产生活中，大量齿轮类的钢件需要通过渗碳处理，也就是硬度处理来保证其表面的硬度和耐磨性。（痛点场景）

抛出问题：那么应如何判断这个渗碳的质量呢？

2. 风险点汇总

项目风险考虑因素见表 2-1。

表 2-1

内容	风险点描述
技术风险	
财务风险	
时间风险	
功能风险	
物理风险	
感官风险	

二、塑造项目价值

1. 市场容量

市场容量可使用 PEST 进行分析。宏观环境又称一般环境,是指影响一切行业和企业的各种宏观力量。对宏观环境因素进行分析,不同行业和企业根据自身特点及经营需要,分析的具体内容会有差异,但一般应对政治(Political)、经济(Economic)、社会(Social)和技术(Technological)四大类影响企业的主要外部环境因素进行分析。简而言之,称为 PEST 分析法。具体内容见表 2-2,分析思路如图 2-11 所示。

表 2-2

政治	经济	社会	技术
环保制度	经济增长	收入分布	政府研究开支
税收政策	利率与货币政策	人口统计、人口增长率与年龄分布	产业技术关注
国际贸易章程与限制	政府开支	劳动力与社会流动性	新型发明与技术发展
合同执行法 消费者保护法	失业政策	生活方式变革	技术转让率
雇用法律	征税	职业与休闲态度、企业家精神	技术更新速度与生命周期
政府态度	汇率	教育	能源利用与成本
竞争规则	通货膨胀率	潮流与风尚	信息技术变革
政治稳定性	商业周期阶段	健康意识、社会福利及安全感	互联网的变革
安全规定	消费者信心	生活条件	移动技术变革

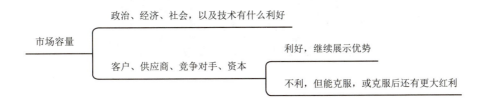

图 2-11

案例 2:

自我介绍:尊敬的各位评委、老师、同学,大家上午好。我叫×××,来自××学院。我今天带来的创业项目是××××××××。

整体趋势：全球范围内，生物多样性都呈现急剧下降的趋势。我们地球正在经历第六次生物大灭绝。生物多样性是经济可持续发展的基石（图2-12、图2-13）。

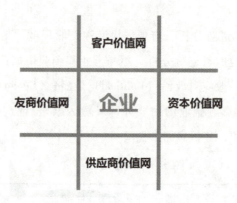

图 2-12

图 2-13

解析：

（1）图片与演讲稿高度匹配。

（2）图片清晰度要高。

（3）图表和图片搭配使用。

（4）国家政策：国家对生态环保高度重视。2018年，原环境保护部正式更名为生态环境部，生态在环保中的地位进一步加强。2019年年初的《长江保护修复攻坚行动计划》首次明确生态优先的基本原则，提出要开展水生生物多样性监测（图2-14）。

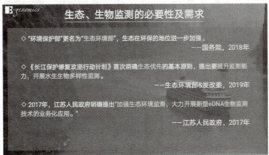

图 2-14

（5）小标题："生物检测的国家需求"等内容，强调国家的重视程度。

（6）行业环境：全国环保产业协会统计，2020年，我国的环保行业产值约为10万亿元，其中环境检测市场超过800亿元，生物检测超过30亿元（图2-15）。

（7）描述完宏观政策层面后，描述行业情况。

（8）数据来源需要备注清楚。

（9）从国家、市场、地方政府三个角度给出支撑性材料进行论证。

2. 核心价值

项目路演评委专家关心项目的创新点是什么，故应阐述创新点的核心，即先**塑造价值**，

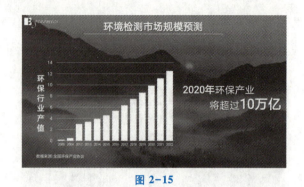

图 2-15

塑造项目核心价值，如图 2-16 所示。

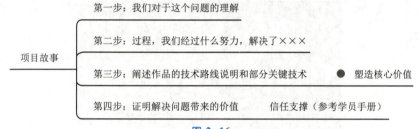

图 2-16

案例 3：

我们对于这个问题的理解： 在生活的最低保障中，不仅需要有干净的水，也要有必要的电。我在甘肃酒泉时，不断寻找解决此问题的方法。我发现生活中的供水供电模式主要分为两种，分别是集中式和分布式，集中式的供水供电技术已经相对比较成熟，就像我们生活中的自来水厂和发电厂。

无法满足客户需求： 我们现在缺少的是分布式，尤其是可移动的分布式水电综合保障设备。经过大量的调研后发现，市面上已有的设备根本就不能满足分布式的水电综合保障需求。

过程，我们做出了什么努力： 我带领着我的团队展开了头脑风暴。经过多次讨论后，我最终绘制出了第一张草图，这张草图能够表达我对水电一体综合保障车的完整设计理念。

在老师的帮助下，我们对设计方案进行可行性分析及不断改进后，终于确定了整体的设计思路。为了更好地设计出我想象中的水电一体综合保障设备，我于 2018 年 4 月创立了××××科技有限公司，并在今年的 4 月份，我的创业项目得到了××部门的表彰。

特点，终于解决了×××： 这就是我们的水电一体综合保障设备。我们的设备最高发电功率可以达到 980 W，每天可产生电量 8 000 W·h，设备最高每小时可制 1 800 L 的生活用水，或者 450 L 的饮用水。因为我们采用的是陶瓷膜加 CDI 的过滤技术，净水能力十分强悍，即使是劣五类水，也可直接变成饮用水。而且我们为设备开发了一款嵌入式系统，可以对用户进行用量提醒和建议。在车顶方面，采用可折叠伸缩的太阳能板。因为我们的太阳能板配有独立的算法，对太阳进行追踪，可以大大提高它的光电转化效率。在水源方面，我们与江苏美淼环保科技有限公司进行合作。

采用以上两个公司的两项先进的净水技术，并在我们公司的专业技术下，可以使他们的净水设备在 0 摄氏度以下的环境下进行工作。我们的水源、电源都能持续地为生活提供保障。

与主题呼应，烘托价值：也正应对了我们项目的题目——××××。

3. 信任支撑

信任支撑是证明项目真实性的佐证性材料，相关内容如图 2-17 所示。

权威机构认证	1. 实验测评的结果 2. 行业标准体系认证 3. 生产、出口许可证 4. 质量检测报告、认证报告 5. 成果鉴定 6. 权威机构主办大赛奖证明
科研成果	1. 知识产权（软著、专利等） 2. 查新报告
团队资质	1. 学历层次 2. 跨专业相关度 3. 专业相关度 4. 专家的权威、地位 5. 科研成果
经营数据	1. 销售额、售价、成本数据等 2. 用户数、转化率数据等
财务数据	1. 融资情况 2. 投资协议 3. 投资意向书 4. 财务三张表
用户证言	1. 客户沟通的记录 2. 客户的好评反馈 3. 产品使用证明
其他	1. 实物成果 2. 照片 3. 视频 4. 产业上中下游带动就业情况 5. 社保证明 6. 注册实体公司 7. 整体作品的技术路线说明 8. 合作伙伴 9. 战略合作协议

图 2-17

科技成果：到现在我们已经制作完成了在学生时期申请的有关水电一体设备，由××大学转入我的公司。并且××已经将他们两项先进的净水技术授权给我们公司使用。

竞品分析比较：经过科技查询报告表明，在市面上未见有相同的，这就表明我们的项目具有一定的新颖性。

但是仅具有新颖性还是不够的。我又将我们的设备与市面上已有的类似设备进行对比。经过对比可以发现，我们的设备不仅售价低，而且在供电、进水方式上都占有一定的优势。

因为我们采用的是太阳能供电和陶瓷膜加 CDI 的过滤技术，因此，我们的运行成本非常低，可以长时间都不用人工去更换或清洗过滤设备。另外，西班牙阿苏德公司的产品是车载固定式的，不适用于特殊环境的作业。美国海德能公司的产品依靠的是汽油发电，运行成本非常高。另外，单一的家用净水设备或是临时的发电设备不能满足分布式的水电综合保障。

用户证言：我们的设备一经研制成功，便受到了使用单位的重视。

经营数据：经过不断的改进和倡导之后，我们最终与使用单位签订了 150 台的订单，并与我们区政府签订了 50 台订单。预计在 2023 年我们公司的销售收入会达到 3 000 万元。

与开头的故事形成呼应，完成主人公故事线的闭环：能为使用单位提供水电一体综合保障设备。终于完成了我两年前的理想，但我不仅满足于此，继续开拓更高更远更广阔的创业之路。

三、竞品分析

竞品是竞争产品，竞争对手的产品。竞品分析，顾名思义，是对竞争对手的产品进行比较分析。

案例 4：

某项目路演稿：这是目前中国市场上所有的胶囊机器人，Medcreat 的胶囊也采用了磁控的方式，但我们的控制精度达到了 0.1，突破了一个数量级，并且我们具备悬浮能力，这是行业内的首创。除此之外，我们的拍摄帧率以及分辨率都大幅提升，使传输方式成了视频，更重要的是我们的预售价仅有 300 元，远低于市场其他竞品。

案例分析：竞品分析的维度要从产品优势、技术创新点选择，加上真实的数据呈现，能很好地体现出项目优势。本案例分析维度包含项目自身技术创新点，得出的结论用"突破数量级""行业首创"来描述，体现项目技术优势、实力强硬；体现评审要点。竞品种类与对比维度的选择，体现项目对行业、市场、技术等方面有翔实调研，并形成可靠的一手材料，符合商业维度考核要点（图 2-18）。

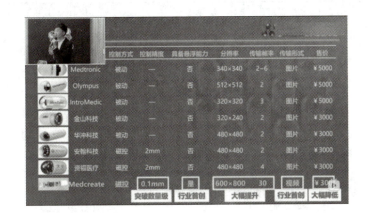

图 2-18

四、商业模式

"商业模式"概念在 1957 年就已出现,综合各学派学者对这个概念的认识,可将商业模式简要定义为企业如何盈利的逻辑,即为企业自身、顾客及企业伙伴创造价值的逻辑。

商业模式的实施需要不同要素的组合,综合 Chesbrough、Os·terwalder、Johnson 等学者的观点,认可度较高的商业模式构成要素有以下 4 个:价值主张、目标客户、伙伴关系、成本与收益模式。

1. 商业模式分析工具:画布

通过图 2-19 中 9 个基本元素可以描述企业/团队创造价值、传递价值和获取价值的基本原理。覆盖商业的客户、提供物(产品/服务)、基础设施和财务生存能力等方面。商业模式画布由 9 个方格组成,每一个方格都代表着成千上万种可能性和替代方案,我们要做的就是找到最佳的那一个。

重要伙伴	关键业务	价值主张	客户关系	客户细分
	核心资源		渠道通路	
成本结构			收入来源	

图 2-19

2. 商业模式构成

商业模式由以下要素构成(图 2-20):

价值模块	价值描述	构成要素	具体内涵
价值主张	创造什么价值	目标顾客	企业提供产品和服务的对象
		价值内容	为对象提供什么样的价值
价值创造	如何创造价值	核心竞争力	指别的企业或个人在短期无法模仿和复制的竞争优势与核心能力
		关键资源	与企业能力相匹配的物质或非物质的竞争优势
价值传递	如何传递价值	合作伙伴	企业为了实现价值创造和供应链上下游企业形成的合作关系网络
		营销模式	人们在产品交易过程中采取的方式方法
价值实现	期望价值回报	成本结构	指成本构成,当某种生产要素占企业成本比重过高时,该要素便成为企业的主要风险
		收入模式	指企业通过自身以及利益相关者资源的整合,形成的一种实现价值创造、价值获取、利益分配的商业架构

图 2-20

思考与总结

路演不仅让创业者向投资人或顾客直接展示项目的技术部分和发展情况,也是创业者展示自己的平台。投资人会根据创业者的个性特征来获取投资信号,以评估新兴公司是否具备商业性和创业者的领导能力。通过对 58 个大赛路演视频数据的研究发现,对投资者评价起最重要作用的依次是内容完备度、展示吸引力、可信度和体态丰富度。对投资人评委而言,创业者的内容准备情况是最重要的,评委投资的依据是项目内容本身。即使评委并不是该领域的专家,但也能够感受到是否有充分的研究依据、是否展示成熟完整的项目方案、团队是否对项目有深刻理解,从而对该项目进行评估并给出投资的可能性。展示吸引力、可信度和体态丰富度也影响着投资人对项目的评价。从展示吸引力方面看,演示文稿(PPT)很重要。PPT 作为项目内容的可视化呈现方式,能够结构性地展示项目,是评委直接了解、感受项目的重要媒介。借力一份可充分呈现内容的 PPT,该创业项目将吸引无数投资人的关注。从创业者的情感表现方面看,评委能够从本人形象看出、从语言中听出他的可信度。

任务训练

（1）按照自己的创业项目填写 PEST 分析表格（表 2-3）。

表 2-3

项目		发现变化带来的红利	正面影响
宏观环境	政策因素		
	经济因素		
	社会因素		
	技术因素		
行业环境	客户		
	供应商		
	竞争对手		
	资本		

（2）按照自己的项目做竞品分析并填写表格（表 2-4）。

表 2-4

公司名称	对比点 1	对比点 2	对比点 3

参考维度：

①多、快、好、省。

②性能、可靠性、便利性、价格。

③正确、快速、容易、便宜。

注意事项：

不要打钩，很不专业。

（3）按照自己的项目设计商业模式并填写表格（表 2-5）。

表 2-5

类别	计价方式	范例

（4）对自己的创业项目进行路演。

项目三

项目运营实践

项目导读

党的二十大报告中提出加快发展物联网，建设高效顺畅的流通体系，降低物流成本。加快发展数字经济，促进数字经济和实体经济深度融合，打造具有国际竞争力的数字产业集群。随着数字经济的发展与5G技术的应用，"直播"已成为国内互联网最热门的名词之一，直播带货模式已用无法抗拒的市场力量展示了其自身的优势和特点，在直播经济崛起的同时也催生了对专业运营人才的巨大需求。为更好地把学生培养成紧缺的复合型人才，提升学生的实践技能，如何运用短视频或直播对产品进行营销推广，通过网络这一根线实现信息公平，实现产品的原产地与计算机端的终端客户直接对接，成为当下热门的研究课题。

学习目标

1. 素质目标

能够具备严谨、细致的工作态度及跨部门沟通能力和执行能力；具有初步的信息提取和整理能力及耐心、积极的工作态度与一定的审美能力、图文制作和视频剪辑能力；具备敏锐的观察能力及随机应变与问题解决能力；能够具备严谨细致的工作态度和创新意识；能够在直播执行中坚守职业道德，遵守法律、法规；弘扬社会主义核心价值观，传播正能量；能够在直播后运维过程中遵守网络直播营销行为规范并践行社会主义核心价值观。

2. 知识目标

掌握直播间场地选择和场景搭建的方法；掌握直播设备购买、调试的方法与步骤，了解直播短视频脚本撰写和拍摄的要点；熟悉商品发布与设置的方法、直播预热的主要渠道及直播的基本流程；熟悉直播间常用的互动玩法；了解直播大盘数据的概念，熟悉直播大盘数据分析的平台和指标，以及直播竞品数据分析的分类和技巧；熟悉单次直播数据分析的指标。

3. 能力目标

能够根据直播主题选择直播场地，搭建直播场景；能够进行直播灯光和拍摄设备调试；能够根据直播平台规则，完成电商直播平台的开通；能够设置标题、封面、个人主页等直播间基础信息，并进行线上直播间装修；能够根据直播流程，完成商品发布与设置；能够根据直播主题，制作直播预热物料；能够编写直播脚本初稿；能够使用各种直播互动工具提升直播间热度；能够根据直播平台数据，分析销售目标达成情况，初步处理直播数据；能够根据直播平台数据，分析单场直播宣传推广整体效果，初步处理宣传推广数据。

任务一　营运方案制定

任务描述

直播间人设打造。没有人设的无品牌商家，短视频素材容易被复制，对长久发展是有影响的。无品牌商家素材通常是对产品空旷的混剪，制作成的视频容易被复制，极易产生竞争对手。直播间里塑造自己的品牌人设提升独特性，并且不断为这个人设增值对直播间的长久发展是非常有利的。人设自带吸引力，可以让粉丝沉淀下来，形成购买及复购。建立人设为之后的品牌力提升打下基础。

在直播间，直播间场景如果能够做得比较好，就能够吸引粉丝在直播间有更多的停留时间，直播间的权重决定了直播间流量的大小。直播间权重更多是由直播间粉丝的停留时间、粉丝的互动率等指标来决定的。其中，最重要指标是粉丝的停留时间。可以通过场景、主播的话术以及福利来留人。

知识要点

一、主播种类

首先主播可分为电商主播和娱乐主播两个大类。电商主播主要是直播带货，靠产品的销量和佣金赚钱；娱乐主播是主播中的一个大类，是其中的主流，颜值、唱歌、跳舞等都属于娱乐主播。

以抖音平台为例,主播大概可分为以下几类。

1. 知识类主播

现在抖音上这一类的主播非常多,如果没有在一个领域特别成功,或者说专业知识特别强,那么不建议做这种主播。这种类型的账号基本都是做个人IP的,现在头部网红都在做,而且变现能力特别强。

2. 生活类主播

众所周知,抖音一开始的口号就是记录美好生活,因此,生活里很多瞬间都容易引起人们的共鸣。这种类型的视频特别适合宝妈,因为她不需要专业知识与拍摄技巧,而且容易上热门。

3. 娱乐类主播

娱乐类型的主播现在最多,一般都是拍摄搞笑剧情,或者唱歌跳舞,还有一些游戏主播,他们基本都是靠直播打赏来变现。

4. 抖音带货主播

带货主播可谓是目前最赚钱的一种抖音直播主播类型。无论男女都可以作为此类主播。这类主播需要出镜,对于颜值有一定的要求,但是最主要的是表达能力要强、临场反应要快,对于产品要熟记于心。设备要求也会根据不同的产品有所区别,大部分基本直播设备即可满足,如直播手机、计算机、背景布、补光灯、支架等。

二、爆品、引流品、利润款

1. 爆品

爆品也可以理解为"明星产品",从商品竞争力上看,爆品往往有着独特的卖点和优势,能够充分满足对应消费者的需求,从而有着更好的转化数据。转化数据的优秀表现可以撬动更多的推荐流量供给,以带动直播间或店铺整体销售情况的提升;同时,爆品还有着优质的商品使用体验,不断积累正向评价与口碑,从而撬动生意增量;另外,爆品也能提升稳定复购,为品牌和店铺保障稳定的生意产出。

2. 引流品

低价、高频、刚需类产品,市场热度高,高性价比,能吸引用户快速成交。

3. 利润款

利润款是对比竞品有明显优势、新概念、大规格、独特性等特征的货品;以某糕点工厂直播间为例,引流款定位到自家腰部爆款,价格为9.9元,与爆品主流价格29.9~39.9元形成较大价差,能快速吸引新人点击、互动、停留及成交转化。

三、主播人设的作用

人设包装其实就是把主播标签化。建立标签和主播之间的强关联，当提到某主播的时候，用户第一反应就是那个非常有特点的标签。

人设可以有一个标签，也可以有一组标签，标签的数量因人而异。在包装的过程中需要寻找一些具有传播度、易于记忆的标签去匹配主播。

标签化并不是主播说是什么就是什么，而是需要主播通过一系列的行为表现出来。当这些行为成为一种固定的行为，时间久了用户就会把这些行为所表现出来的标签记住。

任务实施

一、打造主播人设

主播标签化的流程分为四个步骤，分别是主体分析、人设呈现、信息传达、引导共鸣，如图 3-1 所示。

图 3-1

1. 主体分析

从主播的外貌、性格、行为、习惯话术等维度去分析主播具有的特点。整个分析的过程需要用文字描绘出来。

电商 MCN 公司最近有三位主播来试镜，分别是 A、B、C。经过一天的试镜，运营人员总结出三位主播的特点，见表 3-1。

表 3-1

主播	外貌	性格	行为	习惯话术
A	颜值型	高冷严肃	金句迭出	Oh My God!
B	亲民型	风趣幽默	表情丰富	我的天啊
C	生活型	热情真诚	手势多样	买它！买它！买它！

2. 人设呈现

根据商品售卖目标群体需求和主播的特征进行匹配，包装出具有凝聚力的主播人设和口号，人设呈现思路如图 3-2 所示。

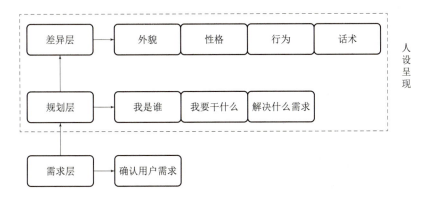

图 3-2

3. 信息传达

在宣传过程中要高频率地曝光主播的人设,并用口号、文案、图片对用户进行强化洗脑。经过长时间洗脑,使得用户产生应激反应。

4. 引发共鸣

"口号的巨人,行动的矮子"是不可取的。让用户发自内心认同主播的理念,必须依靠高质量的商品。通过激励、诱导等办法引导购买商品的用户给出真实评价,进而带动直播间其他用户认可主播的人设。

二、准备直播间的人货场

自从新冠疫情后,直播带货的快速发展,让全国的商家、企业甚至个人都闻到了一种"能赚大钱"的味道(图 3-3)。

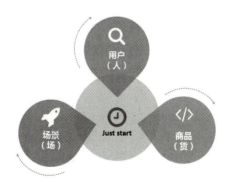

图 3-3

1. 人：万事万物的根本

①主播：主播是一个直播间的"主持人"，他/她起到了直播间内容主要输出者的角色，需要推进直播间流程、带动观众参与互动、讲解展示商品并引导下单等。主播是一场直播间的核心角色，主播的能力也直接决定了直播间的内容质量和转化能力。

②副播：副播是主播的得力助手，他/她起到在镜头前与主播配合的作用，为主播的互动玩法和商品展现提供帮助。同时，当主播忙于与观众互动时，副播也充当了场控及与主播沟通的中间人，提醒主播进行流程的推进、环节的变更、状态的转变等。

③场控：场控是直播间的"节拍器"。在直播间的执行过程中，由于节奏快、内容多，且充满各种突发情况，角色间需要一个高效、统一的信息传递者，也就是"场控"。场控作为直播间里各项信息的统一收口和出口，向直播间内的各方发出动作指令，确保直播间的各部门步调一致、紧密配合。

④直播运营：负责直播间直播前、直播中、直播后所有工作的统筹与安排；协调直播内容策划、货品规划、直播脚本、直播间优化等事务，优化店铺直播数据。

以单场10万GMV直播间为例，直播团队至少需要4人，包含直播1人、副播1人、场控1人、直播运营1人；根据直播间GMV的情况可采取不同的组织结构。

2. 货：与用户沟通的桥梁

提前将产品分类，选好爆品、引流品及利润款。

3. 场：用美好的场景提升转化率

好的第一视觉是直播成功的一半，消费者非常容易在进入直播间后的1~2秒决定是否要继续观看，第一视觉不过关的直播间将被迅速退出或划走，难以获取有效的看播停留，因此，设计好直播间的第一视觉至关重要。

和谐悦目的直播画面，能让消费者有眼前一亮的感觉。在开播前应该进行充分的灯光、设备和背景调试，确保画面清晰、明亮、配色和谐。

主题明确易理解，让消费者迅速理解直播间销售的品类、品牌等。例如，将直播间搭建成海鲜档口的形式，就非常明确地传递了"新鲜海鲜源头发货"的信息，而把直播间布置成柜台形式，则传递了"正品货源"的信息。将品牌Logo设置在醒目的位置重点突出，让消费者对于直播间销售的商品一目了然，即便当时没有产生互动和购买，也能让消费者对品牌产生印象。

重点信息突出，快速吸引注意力。如以促销为重点信息的直播间，可以将促销主题和力度重点体现在背景墙上。以明星入驻为主要吸引力的直播间，则可以把明星入驻的字样或明星形象照进行重点突出。而以爆品、新品为主要吸引力的直播间，也可以把上新、爆款补货等信息在背景墙或直播间桌面上突出展示。

清晰选购信息，降低消费者决策成本。当直播间流量较大时，主播难以回答每个消费者的提问，因此，为了减小主播承接的压力，可以将更多的标准话术和产品关键信息在屏幕上固定展示，以省去消费者问询的环节。

直播间及店铺信息：如开播下播时间、福利发放时间、发货时间、承运快递等。

标品信息：如品牌信息、价格及折扣信息等。

非标品信息：如服装、鞋履的尺码选购建议。

匹配品牌调性，强化品牌认知。

注意：直播间的装修也不能是一成不变的，粉丝看久了也容易产生审美疲劳，因此，需要定期对装修主题进行更新。常见的装修主题更新思路有以下几项：

换季更新：如服装、生鲜等季节性变化明显的直播间，按照最新季节进行装修陈列的更新，可以更好地适配当季的经营目标。

新品更新：对于重要新品的上市直播，可以根据新品的视觉特点进行相应的直播间装修调整，以突出新品的特点，并营造尝新的氛围。

营销活动：对于参加营销活动的商家，可以在直播间装修中突出活动的氛围感，如圣诞节和春节的节庆风格、双十一的囤货抢购风格、明星入驻促进粉丝看播的应援风格等。

三、布置直播间风格环境

1. 直播背景墙或窗帘

（1）简洁干净。如果直播背景就是一面墙或是窗帘、壁纸等，那么需要在颜色上下功夫。例如，如果直播背景是窗帘，尽量选择纯色和浅色，那么，在视觉效果上会显得更宽阔、更精简。因为深色或者纹路繁杂的窗帘会给观众带来视觉上的压迫感，让人感到不舒服。当然，如果你的直播走的是可爱风，直播背景墙或窗帘可以采用暖色。如果是成熟稳重风，则尽量以纯色的背景墙为主。

直播场所的不同，选择的背景也不同，例如，在卧室直播和在客厅直播选择的背景也有差异，还有的人在宿舍直播学习。这样的直播环境中可能还有衣柜、床、桌子等，在东西多的时候，应尽量保持干净整洁。

（2）装饰点缀。如果直播空间很大，为了避免直播间显得过于空旷，可以适当地丰富直播背景。例如，放一些室内小盆栽、小玩偶之类的，干净整洁即可。如果是节假日，可以适当地布置一些与节日气息相关的东西，或者配上节日的妆容和服装，以此来吸引观众的目光，提升直播间人气。

（3）置物架。很多时候，直播背景墙或墙纸风格不适合直播调性，我们就可以用置物架来调节。例如，在背景中的置物架上放一些体现主播风格品味的书籍，自己喜欢的相框等。

（4）绿植。有时候为了让直播间看起来更有活力，我们也可以在直播背景中放置一些绿植来提升直播间的氛围，如仙人球，不仅有清新空气的作用，对视觉也有好处。当然，一个好的直播间，除背景外，还有灯光、设备、网络、装修等。

2. 直播间灯光布置

一套完整的基础灯光设备，一般由环境灯、主灯、补光灯和辅助背景灯组成。

尽量不要只用一个大灯，会导致光线不均匀、不好看。光线尽量要柔和，由于射灯较为刺眼，不能作为主要光源。应采用顺光，光要往主播身上打，摄像头往主播身上拍，这样才能达到足够的清晰度（图3-4）。

直播间灯光位置参考：

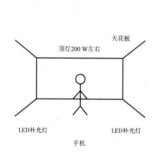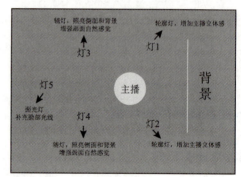

图 3-4

顶灯尽量选偏柔和的，条形、长方形的灯。

当空间较小时，可以使用一个吸顶灯。

直播间尽量不要吊顶，灯的高度越高越好。顶灯总瓦数在 200 W 左右。也可以使用轨道灯。轨道灯泡应选择龙泡灯，不要球泡灯。尽量不要使用射灯，射灯光线太强，打出来很难看。如果有射灯，尽量打在背景上，不要对准主播。

补光灯要反向照射到正对着主播正面的墙，然后结合使用反光板，反光板漫反射的暖光会让主播的气色看起来更好。

基本布光包括冷光和暖光两种，二者结合，布置适合自己的直播间光线。主灯为冷光，辅灯为暖光，两组补光的整体效果为暖光，暖光会让主播看上去更加贴近自然，暖暖的感觉也会让人觉得更加舒服。主灯为暖光，辅灯为冷光，两组补光的整体效果为冷暖结合偏冷光。冷光会让主播看上去更加的白皙透彻，前面补光稍微增加一点暖色，使得其皮肤在白皙的同时增加一点红晕（图 3-5）。

图 3-5

3. 直播间设备

新手如果没有太多的预算，直播设备可以简单一点，熟悉整个直播的流程之后，再根据自己的需要调整直播设备。

（1）手机准备两台或以上，建议用苹果手机，或者华为 Mate 系列、P 系列，清晰度会更好。

（2）准备一个麦克风，避免主播离镜头太远，导致声音太小、用户听不见的情况。麦克风可以是电容麦或动圈麦，室内用电容麦，室外用动圈麦，根据自身情况选择即可（图 3-6）。

（3）准备支架和美颜灯，手机支架一般是与美颜灯连接在一起的，也有分开的，然后有放在桌面上的支架，也有放在地上的长支架，可以根据自己的直播类型去选择。

（4）如果是用计算机直播，要准备摄像头，摄像头要高清、平稳、低延迟。这样才能在直播时呈现较完美的画面，如果要高配的，就选择索尼；若追求性价比，则使用罗技的摄像头即可。

（5）准备声卡，声卡用来连接计算机。

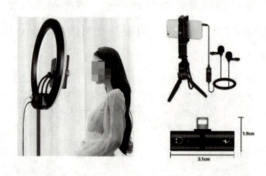

图 3-6

（6）顶灯布置（图 3-7）。

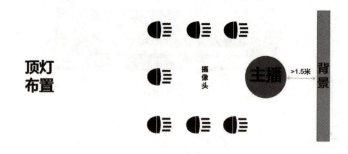

图 3-7

补光灯：环形的补光灯价格较低，200~300 元一个。这种补光灯的缺点是补光范围小、伤眼、对戴眼镜的主播不太友好。

适用类目：食品、美妆、饰品等小物件及近景直播，服装类目可以作为面光灯使用。

最后，准备好直播间的所有设备和场景搭建之后，在开播前要对所有设备进行调试，确定直播间光线是否明亮，空间是否充足，摄像头效果是否清晰等，以保证直播可以顺利进行。

四、创作短视频脚本

1. 精巧的立意和构思

编剧对生活的感受、思索及由此而升华出来的哲理思想，要通过包含精彩情节和动人形象的故事自然而巧妙地渗透出来。将零散的原始生活素材凝聚、组织成一个故事的第一步是要找到或抓住这个故事的内核。故事内核就是构成这个故事最主要的事件和动作线。经营、琢磨、设计、推敲多种构思方案。

故事一定要从大处着眼，一步步地走向细部。除此之外，还有人物对白的提炼，在事情发展的过程中，剧本中的对白是一个重要的情绪引导工具，能够更精练、准确地描述出当时人的心理状态和情况，是一个优秀剧本必不可少的一点。

我们会发现在短视频行业很火的时候，很多人写了无数的剧本，为什么还是火不起来？有的时候不是构思和故事不好，而是对白的设置没有能够直击人心，这就真的浪费了一个好的剧本。

2. 清晰的故事线脉络

好故事：越短越好。

好的故事线给人第一反应：为什么我想不到？故事线中人物会组成这个故事线的精彩创意。

好的故事必备元素：意外。

认真考虑你的剧本的出路，即针对的观众对象和短视频的制片成本。作品并不长，适合手机媒体传播，且又是年轻人感兴趣的题材，如短视频的人物、短视频的片名。

我们可以了解到，要写出一个好的剧本，是需要对整体的故事背景、人物背景做出很多的调研和感知，现在很多短视频之所以不好看，是因为这些编剧和导演或许根本没有感知到这个戏中的灵魂，只是按照商业片的套路，学习了如何迎合大众、如何取悦观众的套路，就开始疯狂拍摄短视频。

3. 分析受众喜爱的角色形象

（1）确定主角。短视频必须有一两个人物让我们关注、认同并支持，能够承载短视频的主题，但与创意、故事线相比，主角并不是首先要考虑的。

（2）扩展故事线的注意事项。

①最好的办法是把你的主角尽量设计为年轻人。

②在演员选择上，最好不要用中年人来扮演年轻人。

③你拍摄短视频的受众是大众，有必要把你的故事讲给陌生人听，看看他们的反应。

（3）表现人物的原始驱动力。短视频的主角一旦定下来，就应考虑其原始驱动力。因为最原始的驱动力，如生存、饥饿、人性、保护所爱之人、死亡恐惧，都会吸引观众。

（4）服务于故事线。故事线是必须始终如一的东西。如果故事线有冲击力、有立场，有最鲜明的主角和反派人物，有最清晰、最原始的目标，那么这个故事线是成功的。

4. 整体结构

（1）开场。短视频故事给人的第一印象是基调、情绪、短视频的类型和题材开场中发现的所有东西。开场是展现主角起点的良机，给了我们了解男女主角的时机，开场和终场应该互相对立，一加一减，表明了短视频具有很强的戏剧性变化。你要表明确实发生过变化。

（2）主题呈现。结构突出的剧本前几分钟就会有人（通常不是主角）提出问题或做出陈述（通常针对主角），而这个问题或陈述就是短视频的主题。

（3）铺垫。剧本的前十分之一称为铺垫部分。有时候我们想要的拍摄效果和最终出来的效果是存在差异的，此时可以找到同类的样品和摄影师进行沟通，使他明确哪些场景和镜头的表达是你想要的，摄影师才能根据你的需求进行内容制作。

五、直播卖货——直播平台的选择与开通操作

直播平台的选择，与你的客户人群有直接的关系。目前绝大多数的公域流量平台中，用户人群也是有区别的，所以，应客观看待这些网红主播的带货能力。我们需要考虑哪些平台适合我们，该卖什么产品，怎么引流、怎么卖的问题。

接下来介绍一些主流的直播平台的开通操作方式。

1. 淘宝直播

淘宝直播是 2016 年开通的，大概到了 2018 年的时候才算是真正火起来了，直播慢慢成为强有力的展示方式。这种展示方式比纯图文的宝贝详情页或视频更加直观。

×××主播目前在淘宝直播做得风生水起，但直播只能算是淘宝的一个功能，主要目的还是服务店铺卖家的，对于审核机制来说也相对严格。如商家的资质、商品的质量等，审核周期也相对较长，对于小卖家而言其实不是很适合，特别是在这种竞争相对成熟的环境下，淘宝直播的头部效应很明显。相对来说其更适合天猫店或企业店。

中小卖家本身实力就不如品牌商家，也花不起大价钱请网红带货，唯一的希望在于现有客户资源的维护转化，以及打造个人 IP 的形式，这些点放到后续的文章中再介绍。

但是淘宝直播对于线下商家的扶持力度是不同的，线下商家的开播条件是零门槛，一键入驻，主要目的是帮助那些受新冠疫情影响无法营业的，又有合适产品能在线上销售的实体商家。

（1）开通方式：从应用商店下载淘宝主播 APP，登录之后，在个人主页那里点击主播入驻，根据提示去完成申请即可，如图 3-8 所示。

（2）操作方式：首先都要登录淘宝直播的中控台，中控台主要是用来发商品的链接、弹幕和红包等，使用计算机浏览器打开淘宝直播中控台网址：https://liveplatform.taobao.com/live/live%20detail.htm，然后使用淘宝账号登录。

①手机直播：打开手机里的淘宝直播 App，点击手机直播即可。

②计算机直播：用两台计算机操作方便一些，一台打开淘宝的中控台，一台打开淘宝直

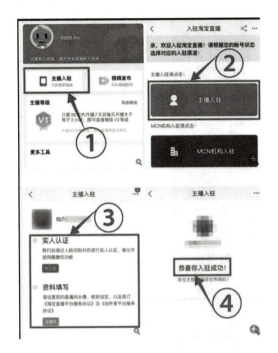

图 3-8

播网址 https：//taobaolive.taobao.com/，都使用淘宝账号进行登录。

如果你有两个显示器可以进行分屏，那么一台计算机也就足够了。

更多有关淘宝直播的一些操作和规则细节，可以去淘宝论坛的淘宝直播版块查看，网址为 https：//live.bbs.taobao.com/list.html。

2. 抖音直播

抖音直播带货可以跳转到天猫、淘宝，只有少数是自己的商品，其起步比其他平台晚，但是管控力度却又相对较严，经常对黑产、网赚之类做封号处理。

抖音毕竟是全民娱乐性短视频平台，短视频内容与电商之间是存在排斥的，内容做得太电商、太广告化就失去了娱乐性，导致用户反感和流失。内容做得太娱乐化又会导致转化率不高，忘记了自己带货的初心。因此，权衡之下，抖音对内容方面持续严控，以此留住用户，把流量倒给主播，再通过直播的形式深度地去做电商卖货。

（1）开通方式。开通抖音直播带货需要粉丝达到 1 000 人以上，有实名认证并且账号至少发布 10 条短视频，条件达到之后在抖音"我"的页面点击右上角三条杠，进入"创作者服务中心"按提示操作即可，如图 3-9 所示。

图 3-9

（2）操作方式。

①手机直播：开通了直播权限之后打开抖音 App，点击底部中间的+按钮，选择开直播即可。

②计算机直播：需要去百度搜索"抖音直播伴侣"下载 PC 端软件，然后把视频推流到直播间即可。

3. 拼多多直播

（1）开通方式。先下载"拼多多商家版"App，直接填写资料开店，然后做店铺认证，但是拼多多需要缴纳 2 000 元店铺保证金，充值之后就可以直播卖货了。

（2）操作方式。操作方式如图 3-10 所示。

4. 微信直播

（1）开通方式。开通微信直播仅需拥有微信账号即可。

（2）操作方式。打开微信 App，点击视频号进去。在视频号界面，点击发起直播（图 3-11）。

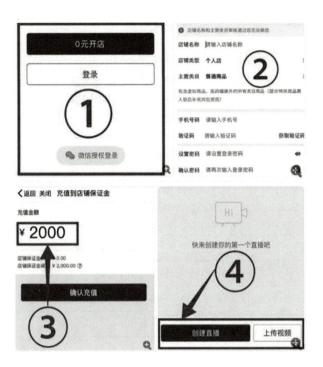

图 3-10

图 3-11

思考与总结

一场成功的电商直播是如何诞生的？"人、货、场"各个环节都需要"全副武装"，无论是人设打造，场景布置，还是直播脚本打磨，直播流程设计，直播带货技巧等，只有各个环节都到位了，才能成功打造出一场直播间的"高光时刻"。

任务训练

电商 MCN 公司最近签约了一家农产品经销商，这家经销商想尝试直播销售农产品。

需求分析：_____

规划三问：_____

我是谁：_____

我要干什么：_____

解决什么需求：_____

话术：_____

_____

_____

_____

分析得出的结论是：_____

_____

任务二 运营实践

任务描述

直播平台所谓的流量就是直播或视频的人气值，观看的人数越多，点击率越高，点击率高了该流量数据就越高，流量越高越容易被推广，也就能够获得更多的粉丝关注，得到更高的热度。有一定的粉丝数可以申请加微信或认证，商家会选择和一些高流量的 up 主或主播进行推广商业合作，付出相应的推广费，从而实现流量变现。

知识要点

一、直播流量分类介绍（以抖音为例）

在卡直播间流量之前，你得了解什么是私域流量和公域流量。淘宝、京东等传统电商

（包括不限于）的竞争日益激烈，大家开始探索新的领域——私域流量。社交电商的与日俱增，使私域流量被越来越多的人讨论，成为近年社交电商领域的高频新概念。

1. 私域流量

私域流量或称私域流量池。区别于传统电商消费流量，是向经营用户的转变，你经营的粉丝或用户不再是单一产品的受众。这种黏性可能形成一次获客而产生多次交易的行为，这些流量只属于你，即私域流量，这个闭环也可以称为私域流量池。

2. 公域流量

公域流量是指商家直接入驻平台实现流量转换，如拼多多、京东、淘宝、饿了么等，以及内容付费行业的喜马拉雅、知乎等公域流量平台。

二、私域流量与公域流量的区别

公域流量可称为公共区域的流量，是大众共享的流量，各个流量平台，不属于企业和个人，需要花钱买，且随着互联网行业的竞争已经到了流量红利消失的下半场，获客难度不断增加，流量也越来越贵。

私域流量则是企业或个人自主拥有、免费、可以自由控制、多次利用的流量，如个人直播间、微信公众号、自己的APP等。

打个比方，公域流量和私域流量就是公共海洋和自建鱼塘的关系（图3-12）。

图 3-12

三、直播间话术

1. 直播间留人话术

直播间留人话术可分为以下几类：

（1）点名话术：欢迎张三进入我的直播间，你的名字这么有创意，是不是背后有什么故事。

（2）诱导型话术：在我的直播间停留会有三大收获，第一是教会你如何拍摄视频；第二是增长你的粉丝；第三是可以在直播间抢到红包和福袋。

例如，"今天来给大家分享几个美妆的小技巧，学会了你也可以是美妆达人"，如果你想成为美妆达人，那么你肯定会留在直播间接着看吧！

（3）节奏型话术："觉得主播跳得好看/唱得好听的刷波 666。""刷波 520 让我感受一下你们的热情。"这类型的抖音直播话术会让新进来的游客看到直播间很活跃，从而产生好奇，留下来看看主播到底是表演了什么使得这么多人在刷屏。

（4）痛点型话术："不会搭配的/皮肤黑的姐妹/偏胖的宝宝们，可以穿下面这套衣服"，如果你刚好属于其中一类，一定想知道怎样的搭配适合你，从而留下来。

如服装类带货直播，主播可以通过对某件服装的专业搭配，以及服装质量专业讲解的话术来吸引粉丝下单购买。

（5）寻求意见话术：如"家人们帮我看看，我的直播间还有哪些地方可以优化改善，我们的成长离不开你的真实反馈"。

2. 直播间留人技巧

留存率是指留在你直播间人数与进入到你的直播间人数的占比。例如，有 100 个人进入你的直播间，有 30 个人留下来了，那么留存率就是 30%。

通常我们通过以下几种方式提升留存率：

（1）黄金 3 秒。例如，"下面我教给大家直播间闪进闪出的方法，飘过直播间的朋友想听的扣 5 个 8。"当观众看到直播间有这样一个问题，吸引了他们继续看下去的欲望，于是就留在了直播间。这其实就是直播间"黄金 3 秒法则"，就是在 3 秒的时间内，抛出一个吸引人的话题，留住观众。

（2）直播间背景搭建。直播间背景的色彩搭配很重要，不要使用太压抑的暗色调。

3. 直播间互动话术

（1）不要枯燥地与粉丝打招呼。欢迎××进入直播间，喜欢的关注我！换种方式：呀~！这谁呀！你怎么也来看我了！此类的话术故意装熟人搞活动气氛。

（2）放下你的偶像包袱，没人愿意看面无表情的你，要笑，开怀大笑，因为笑是会被传染的。

（3）开播前请先准备好当日的直播主题，围绕主题去叙述，避免没话找话。

（4）制定好直播时间，不要随意修改直播时间，在固定的直播时间去直播会让你的粉丝也养成习惯。

4. 个人形象的标签设定

不同领域的主播，对于穿戴搭配、形象打理都是不同的，建议做垂直领域，如果你拍摄的视频内容大热门，那么除播放内容特别吸引人外，主播的形象也深入人心。

如果形象标签已经定位，那么直播间所呈现的形象也不要判若两人。

5. 留人话术

（1）数字法。阿拉伯数字具有与文字形成对比的视觉差别力，如"1 000元的东西原来只值70元？""带你揭开眼镜行业下的暴利""7招教你减少玩手机危害"。这种方法的局限性在于内容与数字的关联程度，但是内容中有数据时，一定要考虑采用数字法。这是一种简单、基础但很有效的取标题的方法。

（2）热词法。应用近期生活中的热点新闻、流量热词、明星、品牌名字等，抖音直播留人技巧话术都是应用热词蹭热点提升热度的方式。iPhone手机上市期间，会出现"3招教你识别iPhone手机翻新机"等与iPhone手机相关视频；《偶像练习生》选秀综艺热播时，跳舞博主与练习生舞蹈视频的合拍，抖音直播间左边为博主自己，右边为练习生。标题中以#练习生#吸引关注，视频反响很好，一个不太火的博主的视频点赞有129.2万。

（3）对比法。标题与内容形成对比，可以带来原本视频内容达不到的效果。一只泰迪狗狗跳舞的视频很可爱，标题为"能给你带来快乐的不一定是爱情"，点赞数为242万+，评论数为9.5万+。

优秀的标题丰富了视频的含义，触动了观众的情绪，抖音直播留人技巧话术或许还能安慰一些失恋的人，凭此圈粉。

选定标题，除拟题目的技巧外，还需要考虑大众的接受度。视频的点赞数和评论数都由观众决定，标题对视频的完播率与互动率有直接影响。

四、提升直播间活跃度的方法

带货直播间冷场、留不住人、转化差等问题困扰了很多商家和带货直播达人，其实直播间出现这些问题，最根本的核心是带货直播间没有气氛、活跃度不够好……

那么我们应该如何提升直播间的活跃度呢？

首先要知道提升带货直播间活跃度对我们而言，不仅能够提升用户转粉、停留、互动；并且还能提升粉丝的忠诚度；提升直播间转化率。

想要提升用户转粉、停留、互动、忠诚、转化率，活跃带货直播间氛围，打造好主播人设、稳定价值、精准人群、气氛维护工具这四点至关重要。

1. 主播人设

主播人设，用白话来说就是用一个人的丰满形象让直播间有温度、有人味儿，区别于单纯的卖场式购物。好的人设更容易让用户产生信任，用户通过互动的方式与主播心理距离拉近。打造主播人设需要对粉丝群体进行分析，从粉丝角度做直播的人设画像，与此同时，主播人设应当是具备责任担当、有爱心、为他人着想的。

2. 稳定价值

重视产品的品质口碑、物流速度、售后服务，是培养粉丝信赖感，提高直播间复购率和高黏性粉丝的主要动因。定期的福利活动、专业的知识分享、稳定的价值输出等也都是用户持续关注、停留、互动的重要因素。就近期爆火的某主播来说，其"睡衣小超市"直播间并没有过多的直播花式玩法和逼单套路，用户能够持续在其直播间进行消费离不开其对产品的严格把控。在介绍商品时没有过于抬高用户预期，而是有一说一地介绍和试吃，这让用户对于产品本身有客观的了解，收到的也是心理预期范围内好吃、好用的物品，就形成了相应的口碑传播（图3-13）。

图 3-13

就专业知识分享型主播来说，某主播是知识型带货红人的标杆。其直播间抓住30~35岁女性的身材焦虑痛点，通过沉浸式健身，教授便捷、易操作的女性塑形、抗皱、提高气质技巧。与此同时，她的专业度也让观众转粉后极具黏性，对于其推荐的产品无条件信任，无论该主播卖什么产品，都会乐于捧她的场（图3-14）。

3. 精准人群

垂直带货有助于粉丝黏性的提高。垂直带货意味着与需求更加精细化类别的粉丝进行连接，更容易建立起用户标签，也更有利于精细化运营，同时，垂直带货也更加有利于形成主播的专属标签和人设。与此同时，垂直的带货内容搭配精准投放人群包，能够带来潜在的精

图 3-14

准意向人群。精准的人群更容易在直播间形成更好的互动。

4. 善用气氛维护工具

（1）福袋工具。以某主播的福袋玩法为例，直播期间用五菱宏光汽车、奇瑞 QQ 汽车、iPhone 13 手机、iPad 等极具吸引力的奖品维护人气，配合抖币互动、福袋预告炒热直播间氛围（图 3-15）。

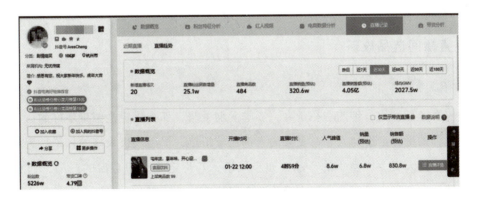

图 3-15

大额奖品一般以引导加入粉丝团转化及互动为目的，用以提高账号权重及直播间热度值，有效维护用户停留。抖币、福袋以发送预告福利为主，用以提高直播间本身的互动，也能够在讲解商品时，让新进入直播间的用户了解直播节奏及抓住新用户使其停留互动。

（2）弹幕飘屏。通过特定回复语设置与粉丝产生共鸣。例如，在粉丝提问互动环节进行特定回复，如"觉得好用的扣666""想买的扣888"等；在秒杀商品上架前，营造急切购买氛围的回复语设置等，如图3-16所示。

图3-16

（3）引导关注。引导关注主播，加入粉丝团，享受专属福利。可以利用宠粉福利秒杀形式帮助直播间拉新或提高粉丝黏性。在讲解时可以适时地引导用户关注互动，如限时9.9活动，必须关注主播加入粉丝团才能买等。

（4）唱念粉丝名字。对于直播间人数较少的主播，可以对于刚进直播间的粉丝进行欢迎，这种互动有益于提高留存率，话术如："欢迎××粉丝进入直播间"。

五、直播间选品攻略

1. 选择应季产品

选择应季产品，如一年四季在于春，春季卖羽绒服，那么肯定是销量不好的；如保温杯放在夏天卖，销量肯定不如人意，夏天的人都比较怕热，保温效果太好的杯子一天只怕也喝不完一杯水。夏天卖一些当季的产品，如小风扇，其肯定是人们必需的产品，而且颜值还高，但是秋冬季节里，保温杯肯定大受欢迎，因为季节性所需。

2. 确定产品品类和消费群体

市面上的文具主要受众群体分别是学生和办公室一族，办公室文具统一负责采购，品类较单一，量大，但"肉少狼多"，因此，很多商家还是把重心放在学生群体上。

根据消费群体先确定产品品类，如针对大中小学生的是文具或玩具，了解消费者的需求，在价格上做到全网最低价，保障价格的同时还要保证质量，才能在直播带货的道路上持续性地发展。

考虑消费群体，文具的消费群体一般都是家长占比多，家长会更偏向孩子学习上，考虑到影响学习的东西不会买或少买。太花哨的文具会担心影响孩子学习，多功能性的产品有新意，也更便捷使用，会成为家长购买的决定性因素。

3. 精准粉丝画像

商品的客单价、品类要控制在一定的比例，避免品类及客单价区间的单一化，要照顾到不同用户群体的需求。

如一场直播安排 20 个品类。

低客单价引流款：2~3 款。

适中客单价成单款：14~16 款。

23 岁以下较多，粉丝群体消费能力低，推荐品类：以低客单价为主（60 元以内），食品、日用百货较为适合。

24~35 岁较多，粉丝消费能力较强，直播平台：可带货较多，高低客单价相结合售卖，该人群易冲动消费。

36 岁以上较多，商品突出性价比，推荐品类：此部分用户不易冲动消费，需主播有一定专业领域知识，商品方面，尽量选择日常必需品。

了解粉丝的画像，从而分析他们的属性和需求是什么。如粉丝的年龄、男女比例、消费水平、对产品的需求等。根据这些需求，及时补充自己的产品品类，满足粉丝的需求，促进消费。

4. 选品同领域一致

无论是视频运营还是文章，都会说到"垂直度"这个词。也就是说，所创作的作品必须是关于此账号所选领域的内容。创作内容与领域保持高度一致，垂直度越高，定位越准确，越容易被平台推荐。

视频内容要与账号定位垂直，系统才会根据你的垂直内容贴上精准标签，将视频推荐给更精准的粉丝。作微信直播也是一样，你想快速建立顾客之间信任度，最好选择和你身份匹配的产品，作为你一开始的直播货品，一方面你对产品的熟悉度高；另一方面也符合粉丝对账号的预期。

直播带货选品也是一样，如果你的账号定位的是女装，那么你带货的商品最好都是与女装相关。这样，你本身对这类商品会比较了解和熟悉，也符合粉丝对账号的需求，更有助于提升产品转化率。

如果你是内容达人，就可以围绕账号定位来选择垂直领域的产品，后续再去卖其他品类的产品。如果你不是专业领域的达人，就可以优先去选择一些自己喜爱的、有一定了解的产品类目。

如果你是无属性的达人，可以按照粉丝的需求来选品；如女粉多，就卖美妆护肤、女装、美食等；男粉多，就可以卖数码产品、游戏配置品、汽车用品等男性常用的产品。

5. 热度高的产品

如儿童泡泡相机、猫爪杯、火鸡面、红豆薏米茶，这类产品在火爆时期几乎全网在卖。当然，卖热度高的产品，也不是随便什么都卖，可以在直播间里通过互动的形式，了解粉丝的需求。

针对需求度比较高的商品，可以准备多一些库存，再配合送福利的活动，这波直播肯定有不错的销量。

另外，追热度一定要快，并且要有可以支持热销产品快速生产的供应链或供应商，比别人卖得快，利润空间就比别人大。

因为有热度的商品会给直播间带来热度，因此，在带货直播的时候，可以选择上架一些网红产品，既可以增加直播间流量和人气，又可以增加直播间销量。

6. 用户有需求的产品

可以得到用户的信任，一定是有自己的定位和价值。同样的道理，直播带货也需要有自己的定位。要做到精准定位，就需要你对粉丝有了解，包括性别比例、年龄、兴趣爱好、活跃时间等。尤其经过数次的直播测试后，后台数据可以反馈出用户偏好，我们也可以获知：哪种类型的产品才是粉丝想要的。例如，账号的粉丝主要为女性，对美妆护肤产品感兴趣，那么主播可以在直播间主推美妆产品；如果账号的粉丝主要为男性，对3C产品感兴趣，主播可以主推这类产品。

卖用户需要的，才能达到直播间人数的高效转化，用户体验感也比较强。

7. 卖性价比高的产品

说到性价比，很多人会把这个概念等同于"便宜"。虽然大部分人都喜欢廉价的商品，但事实上，性价比高的产品并不意味着"便宜"，而是要让用户觉得实在、放心。如抖音的某主播直播间就是最好的例子。他的直播间所卖产品价格相比其他网红主播来说都比较高，但从销量上来看也不输头部主播。原因就在于，该主播一直坚守着"性价比"的原则，选品团队要对粉丝负责，若产品质量出现问题，售后也得及时跟上。上半年该主播就因为质量问题，一直在道歉的路上，而下半年却鲜少有这种问题了。所以，高性价比的产品把粉丝长期留在直播间，并且避免出现主播信任危机。

那么，要怎样找到性价比高的商品呢？

我们可以选择淘宝皇冠店铺、天猫店铺，确保店铺 DSR 不低于行业均值；同时，还可以选择爆款、清仓折扣款、上新款商品等。

无论是哪个直播带货平台，高性价比低客单价的产品都会在直播带货中更占优势。例如，某主播的直播带货产品永远都会给粉丝"全网最低价"且"无条件退换"的福利。一方面最大限度地保证了粉丝的权益；另一方面也让粉丝对主播产生了极高的信任，回头率高。

价格方面也是百元内的比较好。价格是影响用户购买的一个重要因素，用户以年轻人为主，他们往往更倾向于一个比较平衡的价位，不高不低比较容易成为他们的首选。

直播带货的粉丝群体是比较稳定的，新用户不能快速去增加。因此，我们可以选择一些快消品、复购率高的产品，效果会更佳。

任务实施

一、直播带货全流程实战

1. 直播间与用户互动

直播过程中的互动是留住观众的根本，如果没有互动一味地展示商品，会让观众感到索然无味然后离开直播间，一定的活动会激励观众并调动积极性从而实现购买。这里跟大家分享直播间互动的一些小技巧：

（1）主播刚开始直播的时候，可以约几个或者更多的身边朋友进到直播间帮忙互动，如打赏、提问、点赞等，其他人进来的时候看见有人互动就会跟着互动。

（2）开始直播的时候，做一些预热活动，等半个小时再讲直播内容，可以引导先来的粉丝帮助把直播分享到微博、朋友圈、QQ 空间等可以分享的地方。条件允许可以每天做直播，也可以开启日常直播，和用户唱歌、聊天，增加熟识度，让粉丝参与到直播中。观看的人越来越多，气氛也就调动起来了。

（3）如果做不到每天的直播，可以做成节目形式长期固定，固定每周某个时段的固定直播，这种直播要做好主题和内容的优化，优质的内容才能吸引更多的粉丝。

（4）在直播过程中，对每个用户都要很热情，要经常给用户送福利、发红包，互动环节必不可少。像定时发红包，不需要红包金额多大，最重要的是抢红包的过程，带动观众的积极性；或抽奖环节，适当的时候在直播过程中抽取一些小礼品，可以是店铺的优惠券或是几元话费，调动观众的积极性；或限时秒杀，在直播过程中可以定时推出一个限时秒杀的链接，通过一次次的秒杀价，让观众对每一次的直播环节充满期待或是意犹未尽。在直播高潮中，要有意识地提醒观众点赞或做活动推荐。

（5）活动结束后，要做好粉丝的分享和转化。例如，通过直播购买的粉丝，如果帮忙在朋友圈转发直播链接，可以得到一定的奖励。同时要做好粉丝的数据分析，可根据弹幕的信息及部分可视化内容，收集观众的聚焦点并根据分析结果及时添加观众喜欢的产品。

2. 设置商品优惠券和平台优惠券

在直播的过程中发放优惠券有利于提升商品的销量，那么这个优惠券具体如何发放呢？

注意：创建优惠券需抖音小店在后台操作，主播若想在直播中发放，需要先找相关小店获取券 id，再按操作进行券的添加和发放。优惠券可设置店铺券和商品券。设置时请注意以下几项：

（1）优惠券绑定，直播开始后可进行券绑定：点击"购物袋"→"发券"→"绑券"→"输入券批次号"→"确定"→"绑定"；直播间优惠券绑定数量限制：优惠券必须在可领时间范围内，可发放数量大于 0 且状态有效，才可绑定。

（2）点击"购物袋"→"发券"→"展示优惠券列表"→"立即发券"；直播间有该券可使用商品时，才可进行发券；每次仅可发券 1 个批次，时长最多 20 分钟，到时未被领完则结束本次发券。

（3）看直播端领券图展示，当主播发放券后，所有看播用户（包括中途进入）均弹出领券图，图标收至左上，用户点击图标即可领取；用户可主动领取/关闭，用户点击图标，显示优惠券浮窗，用户可关闭领券浮窗。领取成功，提示"恭喜你已抢到优惠券"；若券领取失败，在居中位置弹出提示，文案为"好可惜，未抢到券"，如果想要抢券，需要抓紧时间，最好是主播说了之后，就赶紧去抢。

3. 设置秒杀活动

在抖音平台上，秒杀活动是比较常见的，商家设置秒杀活动，可以更好地吸引消费者的注意力，对引爆商品的流量有很大的帮助，那么抖音小店的秒杀活动该怎么设置呢？具体步骤如下：

想要设置秒杀活动，首先需要进入抖音小店的后台，然后依次点击"营销"→"营销工具"→"限时限量购"，再点击"立即新建"的按钮就可以进行活动新建页面了，最后需要填写秒杀活动的相关信息。

（1）活动名称：需要填写一到五个中文。

（2）活动时间：需要选择"按开始结束时间设置"或"按时间段选择"，秒杀活动的时间范围为 0~7 天，时间段选的话有九个选项，分别是 5 分钟、10 分钟、15 分钟、30 分钟、1 小时、24 小时、3 天、5 天、7 天。

（3）选择商品：填写完信息之后，就需要选择进行秒杀的商品了，商品选择支持"在线选择"或"Excel 批量导入"，系统会自动展示已经上传到抖音小店的商品，最多支持添加 50 个商品，点击"添加商品"后，在页面的右边可以勾选需要参加本次限时限量购买活动的商品，勾选完成后，点击"选择"即可。

（4）选择优惠方式：商家可以选择的优惠方式有直降、一口价、打折，限时秒杀的折扣力度，需要符合活动的限制折扣力度，不符合要求的是会报错的。

（5）最后设置好商品的限购数量，填写完成，点击"提交"即可。

4. 使用抽奖功能增加直播间人气

有诱惑力的奖励是吸引用户参与直播互动抽奖的核心因素。因此，越是高价值的奖品，越能够吸引更多用户前来直播间"围观"。

商家要如何通过合理设置直播间互动抽奖活动的奖品，来提升奖品的刺激效应？

首先，商家需要明确抽奖活动的使用场景。其次，要明确你的目标用户对象，以用户关注的焦点来设置奖品。

例如，商家举办的是一场"带课/货型"的直播，那么抽奖活动的奖品可以正在售卖的内容产品、优惠券等作为奖品，观看直播的用户都可以进行抽奖，提升直播间的互动和内容商品的曝光。

如果商家要进行"授课型"的直播，则可以将教辅周边商品设置为奖品，参与活动的门槛则设置为在直播间内发布评论的用户有资格参与，提升直播间活跃度。

如商家要举办一场"引流型"的直播，则可以设置高价值感奖品，如手机、计算机等，吸引学员转发分享，获得参与直播间抽奖资格，帮助吸引更多学员进入直播间，实现老带新和新用户增长。

商家可以通过在社群发布问卷调查、建立奖品愿望清单等方式，来让学员选出满意的奖品，这样不仅可以活跃社群，也能够提升后续直播抽奖参与的积极性。

5. 介绍直播间产品

随着短视频平台的火热兴起，越来越多的用户喜欢利用闲暇时间刷短视频，既可以及时关注到实时热点，又可以在短视频平台找到自己想要的商品。这其中不免有诸多商家开始利用短视频平台开启直播带货，希望通过如今的短视频平台带动线下经济的增长，实现红利翻倍。如果想要让自己的直播带货事业稳定且呈正增长，就需要掌握一定的直播带货话术技巧。

6. 引导用户下单话术

超级直播带货话术，主要分为产品介绍话术、引导添加购物车话术、引导下单话术、促进成交话术四大部分。

（1）产品介绍话术。在开启一场直播之前，首先需要对自己所要带货的产品足够熟悉和了解，这样在直播的过程中才可以把产品的卖点、优点及基本的属性特征全面展开介绍给直播间的粉丝用户群体。让粉丝和陌生消费者都可以了解今天你所带的货品，从而实现精准触达，及时抓住用户的痛点。这些都是基于足够了解产品之后，需要提前准备好的。

产品介绍话术是通过主播对于商品的全面介绍，拉近与消费者之间的距离，搭建信任桥梁。由于直播间的节奏是比较快的，所以，我们需要做到前期产品介绍时就要调动起消费者足够的购买兴趣，从而直到后期的产品下单。

在第一阶段，可以多强调产品的回购率、好评率，这些平时消费者都比较在意，而这些点也会影响他后边是否付款购买。比如：

①欢迎新进来直播间的家人们，我们每天准时××点开播与大家见面，今天给大家带来的福利优惠多多！

②欢迎新进来的宝宝，大家可以看到我身后的小白板，今晚只给大家介绍×××这个产品，周围的其他商品皆是赠品，宝宝们注意了：只要今晚守住我们的直播间，均可享受买一赠*的优惠哦！想要的宝宝们，在公屏上扣"1"！

③家人们，只要是今天来到我们直播间的，我身上的这件外套，纯羊绒，今天只要两位数，工厂直发，这样的福利只限今天！

④宝宝们，这件无差评的商品，往期回购率达90%，但今天只上200单，抢完为止，厂家给的价格只限今天，另外，还有不间断的福袋等你来领！

诸如上面类似的话术，皆是在开场直播时产品相关介绍的话术，吸引消费者驻足观看。像某知名运动品牌××××，在5月18日的一场直播中，位居带货榜第一，直播间观看人数超过10 000人，当然品牌自身影响力和优惠是主要的，但是直播间的氛围和互动也是盘活热度和刺激购买的重要一环，主播在直播间全程与粉丝互动，在直播间产品介绍阶段给到粉丝最大的优惠福利，不少粉丝也直接以"小姐姐"称呼，也是通过话术和自身魅力吸粉的体现。

（2）引导添加购物车话术。添加购物车是引导用户下单的第二阶段。掌握好点击添加购物车话术就成功了一半，此时需要激发起用户足够的购买欲。当直播间的用户粉丝听完直播的产品讲解之后，有的会有点击添加到购物车的想法，有的会离开直播间。但我们如何做到引导用户将商品添加到购物车呢？

建议在销售前和销售中分开来介绍：

①销售前引导加购物车，例如，"家人们今天可以看到购物车里全是大家心仪的宝贝，而且所给大家带来的全是福利价，有喜欢的千万不要错过！点击关注，加入粉丝团，添加到购物车可享受7天无理由退换，送运费险！"

②销售中，需要时刻提醒大家点击添加购物车，如"宝宝们，现在我们所说的这个福利款，在几号链接，今天给到大家的折扣是多少多少。来准备好，54321，现在刷新购物车已经有库存了，只限今天有七五折优惠券，下单立马改价，抓紧时间下单吧！"

像某微胖女装博主，位于带货榜第二名，在线观看人数超过6 000人，通过自身换装不同款式，加上自身优质的直播话术，平均介绍的每款产品，添加购物车的人数达到300余人，因此，转化订单率也高，成为5月18日当天带货榜前三。

以上就是通过主播全程激发用户的购买欲，给用户最大利益，来引导用户产生后续的行为，添加购物车是整个下单的一个重要环节。

（3）引导下单话术。到了第三阶段，用户如果从直播刚开始听到现在，此时下单概率是很大的，接下来就需要做好适当的引导，这就需要我们掌握好引导下单的话术了。在引导消费者去下单购买时，消费者心里或多或少都会有顾虑，而主播需要做的就是替消费者打消这些顾虑。比如：

①今天给大家准备的选品全是经过精挑细选的，而主打款在几号连接，现在距离我们下架这款还剩最后十分钟，最后50单库存，卖光也就没有了，现在抓紧最后的时间赶紧抢！这就是促单的话术，进一步激发消费者购买的决心。

②宝宝们，今天晚上的折扣你去任何直播间都是没有的，这个价格如果还不去下单，这个优惠力度基本上不会再有了，现在买到就是赚到了。因为现在库存的确有限，抢到即所得，所有今天下单的宝宝，主播全部给赠送运费险、7天无理由退换货，所以放心下单啦。

这是为了让下单的消费者可以更放心，增强信任感，彻底打消顾客的疑虑。一边转移用户注意力，另一边增加信任感，这便是很好的引导下单的话术。

像某明星夫妇利用自身名气，吸引超过100 000的用户在直播间观看，直播间的福利多多，不仅按时发放福袋，还在直播期间加入多个福利产品。其中，"1分钱买网红大肚杯"，通过一分钱商品引导用户驻足观看，带动直播间人气，从而带动其他产品销量的增长。主播全程直播间都在促单，营造火热气氛，使流量剧增。

（4）促进成交话术。到了最后一个阶段，大部分用户已经将产品添加到购物车，开始有下单付款的欲望，到这一阶段，就可以使用我们的促进成交话术了（图 3-17）。

图 3-17

从开始的产品介绍话术，到最后的促成话术，我们会发现，这是一个递进式的关系。任何用户在进行购物的时候都会有着不同的心理变化，而主播需要做的就是"临门一脚"，帮助用户下最终的购买决定。比如：

①家人们，今天的福利款我们上完之后，接下来一段时间厂家都不会再有了，所以今天下单是千载难逢的机会，支持 7 天无理由退换、赠送运费险，仅限今日！（突出产品珍贵）

②左上角的福袋，宝宝们可以加入粉丝团领取，现在下单我们不仅给您 24 小时发货，并且还赠送您同等价位的商品，现在赶紧抓紧时间！（突出活动优惠力度之大）

③宝宝们，现在库存不多了，我们再上最后一波福利，今天这个品也就过去了，你去任何直播间都不会再找到这个价位，这是我们和厂家谈的"史前最低价"！现在是拼手速的时候了，赶紧下单吧！（突出商品稀缺性，史前最低价）

还拿上个明星夫妇举例，直播将近 8 小时，平均在线观看人数没下低于 80 000 人。在直播过程中，所介绍的每个选品结束时，都会用相应的促成话术去激发消费者的兴趣。当然，这个过程一直在以"1 分钱抢礼品"吸引消费者，福袋也送不停，给到粉丝一定的福利，使销售量稳居抖音带货榜榜首！

7. 撰写高转化的直播话术

直播话术精髓三连问：为什么要买？怎么吸引她，怎么说服她？为什么要今天买？

怎么能利用营销手段进行种草，对已经种草的用户完成催单收割，为什么要在你这买，以及怎么能和同类产品产生差异化也就是营销中的三要素，即痛点、卖点、冲动点。

（1）痛点。痛点，就是客户遇到的问题点，让他觉得很痛的点。你能讲出客户的痛点，讲到他心里，他才会关注你，跟你产生联系。人们只关心与自己相关的东西，关系越密切、问题越大、痛点越痛，就会越关心。

你也可以在社群里，或者朋友圈里，或者线下的朋友同事中，去问一问他们会在这个领域遇到什么问题，这样来收集痛点。同样也可以在竞品的详情页上去搜集，一般痛点都在最开始的地方。如果是实物产品的痛点，去淘宝、京东等产品详情页看。都是竞品已经梳理好痛点罗列。

（2）卖点。卖点，就是你的产品有什么价值，能够帮助客户解决怎样的痛点问题。通俗地说，就是为什么要我买？它就是对前面那些销售痛点问题的回答。怎样能解决那些问题？通过学习这些内容并把内容列出来给你看，就比较有说服力。但要让卖点有说服力，你要做的不仅仅是列出解决方案，还要降低客户的心理门槛，以及给客户描绘希望。降低心理门槛，就是让客户明白，这个解决方案很简单，你很容易就能执行。人们都是为最后的效果与状态买单的。卖点给客户描绘希望，就是告诉他，用了我的产品后，会有怎样的收获和成果。描绘希望最好用的一种方法，就是直接展示自己和其他人使用产品后的成果。真实的产品使用成果是最有说服力的。

（3）冲动点。冲动点，就是让人立刻就想买的点。通俗地说，就是为什么要现在买？客户可以明天买、后天买，甚至明年再买。我怎样说服他现在就掏钱？

冲动点一般需要配合一些心理学的小技巧。利用时间制造冲动点，比如说很多课程都会有早鸟价，早买早便宜，还有商场里的限时打折等。

①利用数量制造冲动点。如限名额，仅限前30名限时优惠。

②利用对比制造冲动点。如同时摆出好几个价格，799元，单看这个价格，你会觉得很贵，因为市面上也有299元、399元的产品。但是，在我的产品清单中，799元是最便宜的价格。通过改变对比物，就能改变客户对"贵"和"便宜"的心理感受。

③利用赠品制造冲动点。还有一种，现在购买送超值好礼。例如，买我这产品，送几个其他东西是不是很有吸引力？

④创造客户需求的公式。把痛点、卖点、冲动点组合起来，就是"创造客户需求的公式"。公式的前两项是痛点和卖点，后两项都属于冲动点。为什么叫创造需求呢？

大家都知道，你买一样东西，一定是先有一个需求，才会去买能满足这个需求的东西。有需求才有销售。那么作为主播，你怎样洞察客户的需求呢？有些需求是客户自己就有的，你可以去发现；但更重要的是，客户本来没有的需求，你帮他创造出来。

大家明白需求是怎么创造出来的了吗？是通过发掘客户的痛点。也许客户自己还没意识到，但你敏锐地发现客户有个痛点，你的产品正好能够解决，就能够顺利销售了。注意痛点不是你创造的，是客户本来就有的，只是他自己没有发现，你只是创造了客户对你产品的需求。

二、直播电商核心运营数据分析

1. 直播电商数据查看方法与数据分析

分析一场抖音直播间数据，首先需要知道整场直播的基础数据，如直播时长、主播粉丝量、带货口碑、人气数据及带货数据，初步判断直播间的控场人气和带货效果（图3-18）。

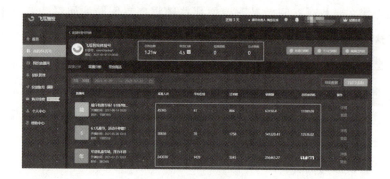

图 3-18

（1）抖音直播间数据分析。流量、转化和成交是直播数据复盘分析时要重点关注的三个方面。最简单的逻辑就是直播的流量不够高就要找流量，转化不高看产品，成交少就要看是不是主播的节奏有问题。

直播结束后要懂得从基础数据中挖掘原因，基础数据情况如何，是否对转化、成交带来增长，增长的原因是什么，下一次直播如何改进，对这些问题逐一梳理才能达到直播复盘的最终目的。

（2）流量基础数据。流量基础数据主要用来分析新粉转化的能力和评论互动率，这类数据主要包括观众总数、新增粉丝数、评论人数和付费人数，看转化新粉能力要看占比，直播转化新粉占比=新增粉丝/观众总数，看直播的互动情况要看评论互动率，评论互动率=评论人数/观众总数。

（3）流量来源数据。如果一场直播流量很大，但粉丝增长情况不佳，多半是因为流量来源不精准。直播流量入口主要有关注页、直播广场、视频推荐、同城 4 个渠道。其中直播广场和视频推荐属于系统推荐的自然流量，如果引流视频内容标签不够精准，则所带来的直播观众也就不容易留存。另外，通过直播间用户停留时长、互动率等数据也可以判断出流量的精准度。

（4）直播电商数据。在一场带货型直播中，需要关注以下几个电商数据：

①商品点击曝光率：直播间用户实际点击商品的次数/直播间所有观众，点击进入商品详情页面。

②商品点击付款率：直播间用户实际点击付款商品的次数/直播间观众点击商品的次数，指用户点击商品然后付款的概率。

点击曝光率和点击付款率之间存在明显差异，可能是由于产品 SKU 不丰富、产品价格不够有优势、主播的销售话术还能优化等原因造成的。

商品点击曝光率代表主播的引导能力和货品的吸引力，能够实现让用户从商品详细介绍页到成单的转化，也是对产品本身吸引力的最好证明（图 3-19）。

图 3-19

2. 数据分析后的提升要点

通过抖音直播间数据分析，挖掘数据背后的信息，我们可以评估一场抖音直播效果的好坏，从而有针对性地进行提升改进。

（1）流量差。流量差的原因可能是私域流量不够或是公域流量没有流量权重，也有可能是终端传达页信息不精准。改进要点就要把主要精力花在引流上。引流主要有付费流量和免费私域流量两种，或者可以依靠主播的 IP 流量、站外流量。但是有了流量之后，IP、话术、整个直播场景及货品能不能够承接，也是最终转化的关键。

（2）成交低或客单价低。成交低或客单价低则意味着用户对主播缺乏信任。所以，不是进行一次直播，用户看到了主播，就能在这里买东西进行消费，而是要持之以恒地直播。单价越高，频次越高，用户就越需要信任。单价越低，越容易达成成交，叫作早期成交，不需要变成熟客。所以，成交与高低单价有着直接的关系。同样，如果我们在直播间抽奖次数过于频繁，虽然提高了增粉率，但却也容易造成让用户来这里占便宜的不良心理，反而不利于转化。

（3）互动率低。如果互动率较低，我们可以通过主播引导增加互动。抖音直播间福袋发放是一个很好的互动活动，不仅可以增加观众和直播间的互动，还能拉高直播间平均停留时长。

（4）转化差。选品问题、比价问题、非刚需、流量不精准、卖点形容不突出会造成转化差。如果商品的转化率较低，我们可以看看是不是选择的产品与账号粉丝的画像存在差别，无法吸引观众购买。或者是客单价、性价比上出现了问题，需要更新产品的活动。

（5）停留时间过短。用户在直播间的停留时间短，也就是完播率低。这个可能和很多原因有关，如直播内容无趣、主播没有激情、节奏过慢和自己同类别的竞品大主播的存在，都会造成完播率在某一个时间段断崖式下降。解决这个问题就要错开高峰，或者在直播中把整体的话术和激情、节奏提快，还可以通过直播间的场景布置增加直播间吸引力。总之一场直播无论胜利或失败，都能从直播数据的复盘分析中找到答案（图3-20）。

图 3-20

三、做好电商售后客户服务

1. 树立售后服务观念

（1）售后服务是整个物品销售过程的重点之一。好的售后服务会带给买家非常好的购物体验，可能使这些买家成为你的忠实用户，以后经常购买你店铺内的物品。购买是服务的开始，好的产品市场上根本不缺，如果有好的服务加上好的产品这样可以更好地抓住客户。

（2）做好售后服务，首先要树立正确的售后服务观念。服务观念是长期培养的一种个人（或者店铺）的魅力，卖家都应该建立一种"真诚为客户服务"的观念。售后的核心也要宣传下达，售后是服务客户，为客户解决问题，并不是与客户争执错和对，并且遇到需要补偿的时候要争取用最少的金额获得客户最大的满意。

（3）服务有时很难做到让所有用户百分之百满意。但只要你在"真诚为客户服务"的指导下,问心无愧地做好售后服务,相信一定会得到相应回报的。即使遇到比较难缠的客户,我们也要稳住心态,切勿和客户发生争吵,避免投诉升级,即使客户投诉了,我们耐心给客户积极解决问题也可以避免有不好的影响。

(4)卖家应该重视和充分把握与买家交流的每一次机会。因为每一次交流都是一次难得地建立感情、增进了解、增强信任的机会。买家也会把他们认为很好的卖家推荐给更多的朋友。

(5)交易结束及时联系。物品成交后卖家应主动和买家联系,避免成交的买家由于没有及时联系而流失掉。及时联系买家应该做到以下几点:

①发送自己制作的结束语旺旺信息。可以包括产品使用说明书、产品注意事项、感谢语、结束语等。这样可以避免很多不必要的售后,如产品材质较软,可以利用结束语和客户说开包要小心,避免划伤产品等。

②为了避免冲动性购物的买家流失掉,趁热打铁至关重要。建议物品成交的当天就发出成交快递!如果无法正常发出,也要及时告知客户,避免客户不满,如果有要退款的,可以送一点小礼品。

③由于物流有时不稳定,有些买家的快递不一定能够及时收到。因此,如果当快递在一个地方停留久了,就联系快递催促,或者补发,避免客户长时间等待。

2. 交易结束如实评价

(1)评价是买卖双方对于一笔交易最终的看法,也是为以后可能想要购买你产品的潜在买家们提供参考的一个重要因素。

好的信用会让买家放心购买,差的评价往往让买家望而却步。交易结束要及时作评价,信用至关重要,无论买家还是卖家都很在意自己的信用度,及时在完成交易后做出评价,会让其他买家看到自己信用度的变化。

有些买家不像卖家那样能够及时地做出评价,可以友善地提醒买家给你作出如实的评价,因为这些评价将成为其他买家购买你物品前重要的参考(催评不要有"返现""好评"等字样)。

评价还有一个很重要的解释功能,如果买家对你的物品作出了错误的、不公正的评价,你可以在评价下面及时做出正确合理的解释,防止其他买家因为错误的评价产生错误的理解,回复评价的时候要知道,回复是给想下单未下单的客户看的,不是给已经给差评的客户看的。让想购买而还未购买的客户看到你的专业回评,感受到你有在积极解决,不会像差评表述中的一样就可以了。

(2)邀请好评话术。如亲爱的,您好。我们发货的是一帮男人,粗手粗脚您懂得。所以万一发错货了、漏发了,或者走神没有检查出质量问题。亲爱的千万别发飙。中差评很伤人也很伤我们的心。咱们该退的退,该换的换,该跪搓衣板的跪搓衣板。尽量大事化小,小事化无。世上没有解决不了的事,希望亲给予处理售后的机会,如果商品还满意,我们需要亲的五星和好评鼓励。

宝贝与描述相符:★★★★★

卖家的服务态度:★★★★★

卖家发货的速度:★★★★★

尽量用轻松愉快的话术做催评,太官方了会被误以为是系统群发,点击率就会降低。

3. 不同买家不同备注

(1)卖家们应该好好地总结自己买家群体的特征:因为只有全面了解到买家情况,才能确保你进的货正好是你的买家喜欢的物品,更好地发展生意。什么样的客户适用于什么产品,简单可分为性别、年轻、职业、个人需求等,针对这些可以做一些相关的话术或销售技巧,让你在处理的时候可以轻松应对。

(2)建立买家的资料库,及时记录每个成交交易的买家的各种联系方式。现在客户资源越来越重要了,很多平台已经对客户的信息进行了加密处理,当我们遇到一些大订单成交的或有大订单意向的客户,我们都应该登记起来,在我们大促或有活动的时候做一个提醒,这些客户将是业绩的最佳共享人,而且大订单的售后其实更少。

(3)总结买家的背景至关重要。在和买家交易过程中了解买家的职业或城市等其他的背景,能帮助你总结不同的人群所适合的物品。有这个习惯之后你可以很直接地通过地址或职业来判断下单的激励,如偏远地区需要加邮费大概率很难下单,而深沪地区的下单很爽快等,当然这个只是增加自身的一个判断和识别能力,我们对待每个客户都要用心。

(4)购买能力很强的买家更要作为你总结的重点。发展这批群体成为你忠实买家有助于提高你的生意,尤其是大客户,可以添加联系方式,当客户有需要的时候自然也会想起你。

4. 发展潜在忠实买家

(1)平台给所有卖家一笔宝贵的财富。那就是当用户成为你的买家以后,平台不可能收回这些买家,他们将成为你自己的资产,你维护的好坏将直接影响他们以后会不会继续购买你的产品。往往二次下单才是正在盈利的时候,因为这个时候客户就是直接下单了不会再对比,既不用担心订单的流失,也不会产生推广费用。

(2)忠实买家所产生的销售额通常能够达到一定比例。所以,对于曾经购买过你的产品的买家除了做好第一次交易,更要做好后续的维护,让他们成为你的忠实买家。成为忠实买家后客户下单就不会担心，因为之前购买过不用担心产品的质量，会有更大概率直接下大订单。

（3）定期给买家发送有针对性的、买家感兴趣的旺旺消息。切记不要太频繁，否则很可能被当作垃圾信息，另外，宣传的物品绝对要有吸引力！尤其是咨询过大批量产品未下单的，有活动的时候我们就可以告诉客户，当时您咨询×××元，现在有什么活动，折扣到手价格比您之前咨询的要低×××元，现在下单很划算哦。

（4）把忠实买家设定为你的 VIP 买家群体。在店铺内制定出相应的优惠政策，如可以让他们享受新品优惠等。可以拉一个群，但是群需要人工定时的维护，或者给客户发 VIP 卡片、标签，当客户下单的时候通过卡片或标签都可以分辨，并且提供给客户专属优惠券，让客户体验到与他人的不同，让客户感受到在这里我是被区别对待的，这样客户才会对店铺更加认可。

（5）定期回访顾客，用打电话、旺旺或短信的方式关心客户。与他们建立起良好的客户关系，同时，也可以从他们那里得到很好的意见和建议。成效最快、最好的就是电话，但是要注意电话拨打的时间一定要避开客户休息的时间，避免弄巧成拙。

思考与总结

直播带货最大的亮点是转化率高，但是，很多新的主播在直播带货开始前、结束后都不知道要做什么，带货时也不知道说什么导致卖货效果不好。直播运营方案策划，直播已经成为电商发展的趋势，成功的直播是离不开前期的策划和后期总结的。

任务训练

启新超市是一家主卖奶粉的连锁超市，计划于 4 月 20 日—5 月 30 日开展以老年奶粉为主推产品的"爱心助老"主题直播活动。先请你从打造私域、公域流量到选品进行直播策划，并进行一场直播带货全流程。

参 考 文 献

[1] 李彩霞. 浅谈高职创业大赛计划书财务部分的撰写［J］. 中国管理信息化，2020，23（20）232-233.

[2] 李宛瑜，朱小英. 基于指导高职院校大学生撰写创新创业项目计划书的思考——以四川护理职业学院为例［J］. 产业与科技论坛，2022，21（4）：132-133.

[3] 潘亚楠，朱晋伟，路演方式对项目评价的影响研究——以大学生创业竞赛为例［J］. 经营与管理，2020（6）：14-19.

[4] 刘占军，张默，郑立梅，等. 创业路演项目在高职学生创业能力培养中的应用分析——以辽宁水利职业学院为例［J］. 现代教育管理，2015（7）：107-111.

[5] https://zhuanlan.zhihu.com/p/159473398?from=groupmessage.

[6] https://baijiahao.baidu.com/s?id=1730070459050432800&wfr=spider&for=pc.

[7] https://zhuanlan.zhihu.com/p/478547500.

[8] https://zhuanlan.zhihu.com/p/446188180.

[9] https://www.fenxiangzhan.com/210.html.

[10] https://zhuanlan.zhihu.com/p/541103474.

[11] https://www.yymiao.cn/other/110182.html.

[12] https://www.baidu.com/link?url=yI0akbG9Gn_gQFrkTEJd14s5TVgMmwQ8rFovGxoBa_iHxyMdmgMivnsoBpcdBLO4jRS5EN9idik8t0fs_axYQZpII8r4jYTek296sUCmPNm&wd=&eqid=dac6250c0005d431000000046371d52f.

[13] https://www.gylmap.com/4777.html.

[14] https://zhuanlan.zhihu.com/p/508673606.

[15] https://www.musicheng.com/news/i204256.html.

[16] https://www.sohu.com/a/567659702_723902.

[17] https://zhuanlan.zhihu.com/p/502284824.

[18] https://baijiahao.baidu.com/s?id=1748116035211287926&wfr=spider&for=pc.

[19] https://www.zhihu.com/question/433580717/answer/1614867765.